工商管理专业与应用型人才培养

李盛艳 著

哈尔滨出版社
HARBIN PUBLISHING HOUSE

图书在版编目（CIP）数据

工商管理专业与应用型人才培养 / 李盛艳著 . —哈尔滨：哈尔滨出版社，2023.7
ISBN 978-7-5484-7384-8

Ⅰ．①工⋯ Ⅱ．①李⋯ Ⅲ．①工商行政管理－人才培养－研究 Ⅳ．①F203.9

中国国家版本馆CIP数据核字（2023）第129862号

书　　名：工商管理专业与应用型人才培养
GONGSHANG GUANLI ZHUANYE YU YINGYONG XING RENCAI PEIYANG

作　　者：李盛艳　著
责任编辑：韩伟锋
封面设计：张　华
出版发行：哈尔滨出版社（Harbin Publishing House）
社　　址：哈尔滨市香坊区泰山路82-9号　邮编：150090
经　　销：全国新华书店
印　　刷：廊坊市广阳区九洲印刷厂
网　　址：www.hrbcbs.com
E－mail：hrbcbs@yeah.net
编辑版权热线：（0451）87900271　87900272
开　　本：787mm×1092mm　1/16　印张：11　字数：240千字
版　　次：2023年7月第1版
印　　次：2023年7月第1次印刷
书　　号：ISBN 978-7-5484-7384-8
定　　价：76.00元

凡购本社图书发现印装错误，请与本社印刷部联系调换。
服务热线：（0451）87900279

前　言

　　本书首先在研究工商管理学科概念、特点、结构体系相关理论的基础上，阐述了工商管理学科演进历史，研究了应用型工商管理人才的培养模式，包括课程设置体系、人才专业能力、情境教育、人才能力架构、全球名校工商管理人才的培养和工商管理专业学生的就业方向等内容；同时，分析了当前高校工商管理专业人才培养模式的现状。接着，本书从教学管理、师资建设、课程建设、实验教学和实践教学五个方面对工商管理学院创新人才培养教学管理制度进行了汇编。最后，本书从工商管理专业创新应用型人才培养的课程体系建设、教学内容改革、保障措施制度和实施效果分析四个大的方面，分析研究了如何培养真正适应社会需求的工商管理专业创新应用型人才，力图为地方高校工商管理专业应用型人才的培养提供新的思路。

　　由于笔者水平有限，书中难免存在不足之处，殷切期望有关专家和广大读者批评指正。

目 录

第一章　工商管理学科概述 ·· 1
　　第一节　工商管理学科基本概念 ·· 1
　　第二节　工商管理学科基本特点 ·· 3
　　第三节　工商管理学科结构体系 ·· 5
第二章　高职工商管理专业的发展与特征 ·· 11
　　第一节　高职工商管理专业教学背景 ··· 11
　　第二节　高职工商管理专业的人才培养特征 ·· 12
　　第三节　高职工商管理专业的课程体系现状 ·· 17
　　第四节　高职工商管理专业发展面临的问题 ·· 21
第三章　工商管理专业应用型人才培养调查研究 ·· 25
　　第一节　研究导论 ·· 25
　　第二节　工商管理专业毕业生就业问题调查 ·· 29
　　第三节　工商管理学院本科创新人才培养调查研究 ··· 34
　　第四节　工商管理专业优秀创新型人才培养途径和方法 ···································· 42
第四章　应用型人才培养模式概述 ··· 55
　　第一节　工商管理专业课程设置体系 ··· 55
　　第二节　工商管理人才专业能力要求 ··· 63
　　第三节　工商管理人才培养情境教育 ··· 66
　　第四节　工商管理人才能力架构 ·· 73
　　第五节　工商管理人才培养国际认证 ··· 76
　　第六节　工商管理专业学生就业方向 ··· 80
第五章　高职工商管理专业"订单式"人才培养模式的发展 ···································· 86
　　第一节　高职工商管理专业"订单式"人才培养的发展背景 ······························ 86
　　第二节　高职工商管理专业"订单式"人才培养的理论基础 ······························ 91
　　第三节　高职工商管理专业"订单式"人才培养的内涵 ···································· 95

第四节　高职工商管理专业"订单式"人才培养的优越性……………………98

　　第五节　高职工商管理专业"订单式"人才培养的实践探索……………………102

第六章　高职工商管理专业"产学交替"人才培养模式的发展……………………107

　　第一节　高职工商管理专业"产学交替"的发展背景……………………107

　　第二节　高职工商管理专业"产学交替"的发展类型……………………110

　　第三节　高职工商管理专业"产学交替"的实践探索……………………114

　　第四节　国外"产学交替"培养模式及经验借鉴……………………119

第七章　高职工商管理专业"订单式产学交替"培养模式的课程体系构建…………123

　　第一节　"订单式产学交替"模式下的课程设置与教材开发……………………123

　　第二节　"订单式产学交替"模式的绩效评价……………………133

　　第三节　"订单式产学交替"模式的保障机制……………………140

第八章　高职工商管理专业"订单式产学交替"实践教学体系构建与实施…………146

　　第一节　"订单式产学交替"实践教学体系的理论基础……………………146

　　第二节　"订单式产学交替"实践教学体系构建的驱动系统……………………149

　　第三节　"订单式产学交替"实践教学体系的主导系统……………………155

　　第四节　"订单式产学交替"实践教学体系构建的支持系统……………………158

参考文献……………………163

第一章 工商管理学科概述

第一节 工商管理学科基本概念

一、管理概念

为了明确工商管理学科的概念,首先要从管理的定义说起。对于什么是管理,有很多种定义。过程学派认为,管理是指通过计划、组织、控制、领导等职能活动,优化配置及充分运用一个组织所拥有的人力、物力、财力、知识力,使之发挥最大作用,以达到组织的目标。决策理论学派认为管理就是决策。基于这样的认识与研究,赫伯特·西蒙在有限理性决策等方面的研究使其获得了诺贝尔经济学奖。有的学派认为管理就是设计一种良好环境,使人在群体里高效率地完成既定目标的过程。也有的学派认为,管理就是领导。不论怎样定义,管理的实质是提高组织的协作水平与运作效率的一个过程。

由于在管理主体、管理对象或管理职能上的不同,管理有许多种类。例如,在政府活动中有行政管理、税收管理、财政管理等,在工商企业活动中有战略管理、人力资源管理、生产管理等。所谓工商管理,其实就是对企业所能支配和影响的资源进行整合,提高其协作水平和运作效率,以求达到企业目标的过程。

二、工商管理学科定义

工商管理学科是关于工商管理活动的诸多学科的总结,是研究按照一定的结构而形成的管理科学分支学科。关于这一学科,从人才培养的角度,国际上有很多种定义。

定义之一:使个人具备企业或组织的计划、组织和运行指导的能力。其包括管理理论、人力资源管理和行为、财务与其他量化手段、采购与后勤、市场营销和企业决策的知识传授。

定义之二：教学计划一般要使个人具备计划、组织、指导和控制与运作企业的能力，其包括管理理论、人力资源管理和行为、财务与其他量化手段、采购与后勤、组织与生产、市场营销与企业决策的课程教学。

定义之三：一般指企业管理与经营的总称，又指一组教学计划的总结，其使个人具备与商业和（或）非营利生产、购买或出售商品和服务等有关的管理、研究与技术支持的能力。

上述论述对定义工商管理学科有很重要的参考价值。它们的共同特征如下：

一是都强调了工商管理是为一定的工商企业或实体服务的，而且这样的组织一般都是营利性组织。

二是都明确了工商管理是管理的一部分。事实上，作为科学的管理学，其发展历史上最初的成就主要来自工商管理这一部分。

三是都描述了工商管理所包含的活动内容，如人力资源管理、会计、生产、营销、管理决策、财务等。

经过综合分析，"工商管理"学科的定义不能过窄，也不能过宽。过窄，可能会导致学科间的交叉和融合不畅；过宽，学科的发展会找不到重点。所以，对其定义应该从学科自身的发展规律和发展方向的角度考虑。因此，可以将"工商管理"定义为"营利组织的管理"。营利组织（企业）的经营活动规律和工商企业管理理论与实践是工商管理学科研究的内容。公共管理学与工商管理学相对应，但两者仍有区分。公共管理学研究的对象是非营利组织，而工商管理学研究的对象正好与之相反。

从我国学科发展现状来看，这样定义是比较切合学科发展实际的。工商管理学科已经有了长足的发展，虽然其水平与世界一流水平还有很大差距，但是我国已经奋起直追了；而非营利组织（公共管理）才刚刚起步，而且变得越来越重要，将成为GDP（国内生产总值）增长的主要来源，并吸收更多的就业人口，所以有必要把对这些组织的管理作为管理未来发展的另一个重要分支。另外，营利组织和非营利组织在管理对象方面有很大不同，即使它们在管理操作上有很多共通之处。它们的经营目标是不一样的，工商管理主要是以赚钱盈利为目的的，但为了促进社会的稳定，为了满足政治需要，还需要发展一些非营利组织。工商企业的产出可以用定量方式来具体描述，但公共领域中的产出却无法用定量形式表现出来。因此，人们不太容易衡量公共事业的发展状况。具体地说，在营利组织中，财务管理要强调如何运作资金，使其更好地发挥作用，带来经济的或非经济的结果；而在非营利组织中，要更注重保持财务上的平衡，以及吸引捐助。因此，明确这两个学科的界限，对于两个学科的发展，都是有好处的。

第二节 工商管理学科基本特点

工商管理学科是一门以社会微观经济组织为研究对象，系统地研究其管理活动及决策的一般方法和普遍规律的学科。由于工商管理学科的研究对象是由人组成的社会微观经济组织，兼具自然属性与社会属性，故工商管理学科各领域的研究同时具有人文属性与社会属性。从学科基础、研究方法和研究内容来看，工商管理学科是以经济学和行为科学等为理论基础，以统计学、运筹学等数理分析方法和案例研究方法为分析手段，以工商企业的公司治理、生产运营、物流配送、组织行为与人力资源、财务与会计、市场调研与销售、管理信息系统与互联网技术应用、技术创新与管理、战略管理、服务管理等职能管理为主要研究领域，探讨和研究工商企业内部产品或服务设计、采购、生产、运营、投资、理财、销售、战略发展等管理决策的形成过程、特征和相互关系，以及工商企业作为一个整体与外部环境之间的相互关系，并从中归纳和总结出旨在提高工商企业经营管理效率和社会效益的管理原则、管理规律及管理方法和技术的一门学科。因此，对工商管理学科的特点，总结如下：

一、综合性

工商管理学是一门综合性学科，工商管理活动包括的范围非常广，涉及的知识面也非常宽。为了适应动态变化的外部环境，提高工商企业经营过程的效率和效果，需要解决十分复杂的问题。工商管理学研究内容的复杂性决定了它既涉及普通心理学、生物学、生理学等不具有阶级性的自然科学，又涉及社会学、社会心理学、政治学等具有明显阶级性的社会科学，它正是在这些自然科学和社会科学相互交叉渗透的基础上发展起来的。这也要求从事管理的工作者要以广博的知识作为基础。

二、实践性

工商管理学是一门实践性很强的学科，相对心理学、人类学等学科来说，工商管理学属于应用性学科。理论来自实践，又对实践起着指导作用。工商管理学是从人类长期实践中总结而成的，用来指导人们的管理工作，这与其他学科相同。但相比之下，它的实践性更强。环境因素和人的因素总是在不断变化，组织的管理模式也不可能一成不变。通过学习工商管理这门课程，根据实际情况在实践中不断运用所学知识，才能不断增长才干和积累经验。

三、不精确性

工商管理学是一门不精确的学科。数学、物理学等学科，根据规律和所给定的初始条件就可以得出问题的解，是一种精确的学科。而工商管理学则不同，它具有不精确性。一是在工商管理工作中，遇到的因素、要解决的问题，除了资源、时间等可以精确地用数来表示外，有许多因素是不能用数来表示的，即无法精确度量。现实中有些因素尽管不能度量，但可以按一定的规则来量化。例如，歌手大奖赛，裁判员或评委可以通过对歌手的气质、发声技巧、表演能力等进行打分来分出高低。这些因素被称作可呈化因素。但是管理工作中所遇到的一些环境因素及变化，如人的思想情绪、心理变化等都是无法量化的。二是所从事的工商管理工作中有许多因素存在明确的关系，可以用函数关系来表示，而更多的关系是无法用函数关系来表示的，有的甚至演绎推理也无法将其说清楚。例如，一个组织中，全体员工在总经理的领导下工作效率不高，而换了一个总经理后工作效率就明显提高了，那么领导方式和所达到的效果之间就不存在一种明确的函数关系。

四、软科学性

工商管理学是一门软科学，如同计算机中有硬件、软件一样，一个组织里的人、财、物等有形的资源就是硬件，管理则为软件，管理学则为软科学。在组织里，工商管理学除了要运用其他学科的知识作用于无生命的物上，更重要的是要充分发挥组织中最重要的资源——人力资源的作用，通过管理，充分调动组织成员的积极性，更好地利用各种资源，获得经济效益和社会效益。

第三节 工商管理学科结构体系

一、工商管理学科划分

国际精英商学院协会在研究商学院的师资供求时，将商学院的教授归属为 14 个学科，它们是会计、战略、经济学、财务、人力资源管理、保险、国际经营、组织行为、营销、信息管理、运作管理、运筹学、房地产管理和其他学科或综合性学科。这个分类，除了运筹学以外，将经济学的范围明确到管理经济学，那么大体上就是所说的工商管理学科。在一个对商学院绩效进行的全面研究中，有研究人员将这些学科归为 8 个学科群，即会计、财务、保险、国际商务和房地产、管理科学、管理、管理信息系统、营销及生产/运作管理。他们通过仔细挑选程序，选择了各个学科最顶尖的期刊作为研究各学院学科表现的基础。我们认为，这个划分比较符合工商管理学科实际的发展，特别是各学科都比较独立地形成了自己的学科体系、研究方法、学会和期刊。

二、工商管理期刊目录

美国《金融时报》列出了工商管理领域的 40 份顶级期刊，从中可以大体看出工商管理学所包含的学科类型。

（1）经济学类。此类期刊中包含 3 种顶级经济学类期刊。排名第一的是美国经济学会主办的《美国经济评论》。该刊是颇负盛名的综合类经济学期刊，主要发表观点创新、浅显易懂的论文，每年的 6 月刊都将刊载当年诺贝尔经济学奖获得者的演讲，这也成为其具有绝对权威性的一个标志。紧跟其后的是计量经济学会主办的《经济计量学》，其主要发表数学性更强的论文。排名第三的《政治经济学》由芝加哥大学主办，是一份有着百年历史的经济类双月刊，20 世纪 80 年代以前，它一直是经济学期刊的"老大"。

（2）金融学类。财务学术期刊《金融杂志》《金融经济学》和《金融研究评论》是上百种财务学类国际期刊中最权威的 3 种期刊。

（3）会计学类。会计学术界普遍认可的三大顶级期刊《会计研究》《会计评论》和《会计与经济学》都列于其中。

（4）商业经营类。《创业：理论与实践》《商业风险》《国际工商研究期刊》，属于商业经营管理类期刊。

（5）市场营销类。此类期刊包括《市场研究期刊》和《顾客研究期刊》。

（6）组织行为学类。《组织科学》《组织行为与决策过程》《小型企业管理期刊》是与组织行为学直接相关的代表性期刊。

（7）应用心理学类。《应用心理学》是与组织行为学相关的最具代表性的心理学类期刊。

（8）人力资源管理类。《人力资源管理》《国际人力资源管理杂志》是与组织行为学相关的人力资源管理类期刊。

（9）管理信息系统类。《管理信息系统季刊》《信息系统研究》都列于信息管理和信息系统学科排名前19位代表期刊中。

（10）管理科学（狭义）类。《运筹学管理期刊》《管理科学》《运筹学研究》《美国统计学会期刊》都属于管理科学（狭义）学科。

（11）战略管理类。《战略管理期刊》《长期规划》是战略管理学科的重要期刊。

（12）综合性管理类。此类期刊可以细分为理论综合性管理类期刊和实证综合性管理类期刊。其中，理论综合性管理类期刊包括《美国管理学会期刊》《美国管理学会评论》《行政管理季刊》《管理国际评论》；实证综合性管理类期刊包括《管理执行学报》《哈佛商业评论》《加利福尼亚管理评论》《斯隆管理评论》。

三、工商管理学科结构体系的构成

结合国内外各方面的研究成果和实践，综合考虑国际上的一般发展规律和我国的具体情况，我们将工商管理学科结构体系分成4个类别的多个子学科。

（一）职能管理领域（学科）

职能管理领域可以说是工商管理学科中发展得较为成熟的领域，一般工商企业中都由这些相关领域的专门部门来负责相关的工作。在企业中，财务管理、人力资源管理、营销管理、会计、运作管理、信息管理等都属于职能管理领域。该领域中的各种专业内容都是院校在培养工商管理硕士和进行在职培训的时候的必备课程，都需要学生进行综合学习。以会计学为例，它的发展以1955年为分界点。在1955年以前，会计学发展长期停滞在借贷平衡及会计准则的运用阶段，财务金融学的发展长期停滞在办理银行手续阶段。到了1955年，"MM理论"的出现打破了这一现状。默顿·米勒和弗朗哥·莫迪利亚尼"革命性地改变了公司理财的理论及实践，将公司理财从一个松散的工作程序及规则，改变为股东寻求最大股本价值的精细巧妙的法则"。职能管理领域学科中的知识都能直接应用到实践中。工商企业非常重视这些职能管理领域内容，同时职能管理领域中的研究也都较为成熟，有属于自身的逻辑框架。另外，它们的运作也非常成熟。运作管理的前身是生产与运作管理。随着经济的发展，运作管理涉及的工作内容大大扩张，因而运作管理的覆盖面也逐渐扩大，成为企业重视的一个专门领域。

除此之外，人力资源管理部门也是企业的重点部门。当前，人力资源管理的理论已经越发成熟，获得了更多属于自己学科的知识成果。可以说，人力资源管理与企业命运息息相关。人力资源管理的理论来源很多，如薪酬管理，就脱胎于经济学和财务学；再比如工作分析，就来自人机工程学的理论。但是对于国际一流商学院来说，人力资源管理更多地面向实践活动。因此，这些商学院很少会培养人力资源管理博士。

（二）基础管理领域（学科）

基础管理领域（学科），包括组织行为学和管理经济学。组织行为学发端于心理学，具备自己的独特方法与思维习惯。管理经济学是微观经济学在工商企业中的应用，其核心内容仍为经济学范畴，但因其与工商企业紧密相关，故仍列于此。虽然组织行为学的成熟稍逊于管理经济学，然而这两个学科依然是被承认的"科学"。但是，工商企业中却没有这样的负责部门，因为它们是基础性的工作，每一个管理者甚至具体工作人员在工作中都要经常碰到这样的问题。

（三）综合性领域（学科）

综合性领域即战略管理。库恩在1962年发表了"范式"学说，之后的热烈讨论，催生了战略作为一个新学科的出现，学者开始第一次定义了关于战略研究独特的范式。但是关于这个领域的研究方法却依然没有一致的意见。争论的焦点是战略研究的根本基础到底在于长期的计划、内部竞争优势，还是环境分析。由于这种方法在理论上的局限性，越来越多的博士培养项目开始用非实证的、非线性的、主观性的方式。虽然战略无比重要，但是工商企业一般没有这样的部门，一般是由最高管理者直接进行管理的。哈佛商学院战略方向的博士生培养，不是以哲学博士的名义，而是以工商管理博士的名义进行的。

（四）应用领域

应用领域，包括项目管理、房地产管理、电子商务、医疗管理等。实际上，上面所列举的职能管理领域、基础管理领域和综合性领域的各个学科都属于应用领域。之所以单独再列出一个应用领域，是因为这些领域严格地讲不能称为"学科"，它们所应用的知识内容来自职能学科、基础学科和综合学科，并将这些领域中的知识具体应用到某一特定领域中。同时，这些领域也是发展较快、最容易受到实践影响的领域。

应用领域包括旅游管理、医疗管理、项目管理、房地产管理、电子商务、国际工商管理、风险管理、创业管理、赛事及休闲管理等。

四、工商管理类学科类目

根据我国教育部颁布的全国本科专业分类目录及专业代码，管理学下设工商管理类等9个一级学科，工商管理类下设以下二级学科：

（1）会计学

会计学是在商品生产条件下，研究如何对再生产过程中的价值活动进行计量、记录和预测；在取得以财务信息（指标）为主的经济信息的基础上，监督、控制价值活动，促使再生产过程不断提高经济效益的一门经济管理学科。它是人们对会计实践活动加以系统化和条理化整理而形成的一套完整的会计理论和方法体系。本质上，会计是一个经济信息系统，这也是国际会计界较为一致的看法，其主要特征是将工商企业经济活动的各种数据转化为货币化的会计信息（价值信息）。

（2）财务管理

财务管理是在一定的整体目标下，对资产的购置（投资）、资本的融通（筹资）和经营中的现金流量（营运资金）以及利润分配进行的管理。财务管理是工商企业管理的一个组成部分，它是根据财经法规制度，按照财务管理的原则组织工商企业财务活动、处理财务关系的一项经济管理工作。简单地说，财务管理是组织工商企业财务活动、处理财务关系的一项经济管理工作。

（3）市场营销

市场营销，又称为市场学、市场行销或行销学，简称"营销"，是指个人或集体通过交易其创造的产品或价值，获得所需之物的过程。它包含两种含义：一种是动词理解，是指工商企业的具体活动或行为，这时称之为市场营销或市场经营；另一种是名词理解，是指研究工商企业的市场营销活动或行为的学科，这时称之为市场营销学、营销学或市场学等。

（4）国际商务

国际商务是超越了国界产生的围绕工商企业经营的事务性活动，主要是指工商企业从事国际贸易和国际投资过程中产生的跨国经营活动。国际贸易包括货物、服务和知识产权交易；国际投资，主要是指国际直接投资，包括独资、合资和合作经营。

（5）人力资源管理

人力资源管理实际上是存在内在联系的一系列实践性活动。这些活动包括环境的预判和分析、人力资源需求计划的制订、组织所需的人员配置、员工的绩效评估、员工薪酬计划、工作环境的改善、人员的培训和开发以及建立有效的劳动关系等多个方面。相应地，人力资源管理大体上包括与这些实践活动相对应的各个领域。

（6）审计学

审计学，是研究审计产生和发展规律的学科，是对审计实践活动在理论上的概括、反映和科学总结，并用来指导审计实践活动，促进经济发展。它不仅具有很强的理论性，而且还具有实践性和技术性。其理论性主要表现为审计学探讨和研究了审计活动规律及其应用，对审计实践进行了高度概括和科学总结；其实践性主要表现为审计学可以应用于审计实践中，指导审计工作，并有明显的经济和社会效果；其技术性主要表现为审计学吸纳了各种科学成果，为审计活动提供了各种科学技术方法和手段。

（7）资产评估

资产评估，即资产价值形态的评估，是指专门的机构或专门的评估人员遵循法定或公允的标准和程序，运用科学的方法，以货币作为计算权益的统一尺度，对在一定时点上的资产进行评定估算。

（8）物业管理

物业管理，是指受物业所有人的委托，依据物业管理委托合同，对物业的房屋建筑及其设备、市政公用设施、绿化、卫生、交通、治安和环境容貌等管理项目进行维护、修缮和整治，并向物业所有人和使用人提供综合性的有偿服务的管理工作。

（9）文化产业管理

文化产业管理，简称文管，属于管理学类专业，设立于2004年。文管专业是为适应国家文化产业快速发展而设立的专业，以培养具有广阔的文化视野和现代产业理念及经营技能的综合型文化管理人才为目标。文管专业分普通文科类和艺术类两种，授予管理学或艺术学学位。

第二章 高职工商管理专业的发展与特征

第一节 高职工商管理专业教学背景

在所有专业类别中，工商管理专业是同现代的经济发展最为密切的应用型专业之一。不过，现在因为种种原因，工商管理同企业之间的供求关系出现了一定程度的不协调，且矛盾正在往更深处发展。当下，全球的一体化程度越来越深，随着国与国之间的经济往来日益加深以及我国经济的进一步发展，未来相当长的一段时间内，社会对工商管理专业学生的需求量都会只高不低。现在的中国，正处在建立企业制度和改革宏观体制的至关重要阶段，所以对工商管理专业的高素质人才的需求量极大。与此同时，我国出于经济专业的需求，也会大量地需要该专业的学生。总之，对于工商管理专业的人才，整个社会的需求量都在持续上升。然而与之相对的是，尽管现在企业对人才的需求量很大，可是当真正要找能胜任企业工作岗位的人才时，却往往找不到，尽管高校出于现实的考虑都在大规模开办工商管理专业，并在力所能及地培养该类专业的人才，可是企业依然很难找到满足自身需求的人才。

从十年前我国高校大规模扩招直至现在，高等教育在培养模式上出现了从精英化向大众化转变的趋势，在学校师资力量和学生生源问题上，出现了层层问题。首先，学校的硬件设施无法满足学生的实际需求。其次，学校教师的师资和数量无法胜任培养高质量人才的需要，如此也就无法从学生的质量上予以保障，造成现在的高校无法给企业提供高质量人才的局面。

在这一背景下，如果要化解上述矛盾，高校便必须在对市场和社会的需求进行细致的考察和分析的情况下，对教学内容和教育模式进行创新和调整，以便最大限度地提升学生各方面水平，满足企业的实际需要。

随着经济的迅速发展，高等教育在我国也得到了迅速发展，随之而来的是学生的就业困难问题日益加剧。从我国的大学生招聘会上可以看到两个无法调和的矛盾。首先是埋头苦读了十几年的学生在毕业后无法找到满意的工作，其次是企业面对形形色色的大学生各种苦苦寻觅却无法得到满足自己要求的应届生。在高校学生日益增多的当下，尽管我国关于扶持高校学生创业和就业的方针政策一再出台，但拿到现实生活中却是杯水车薪。所以，尽管当下各类教育正在蓬勃发展，可是关于学生的就业问题不得不让我们深思。

在各类高等教育相继发展起来的同时，高职院校也随之有了自己的一席之地。高职院校主要是以大规模实践以及富有针对性的培养技能和就业率高为主要特色，其与一般大学最大的不同便在于它对实践和实训以及实践与理论相结合的看重。从高等职业院校毕业出来的学生其动手能力和实践能力往往较普通高校出来的学生强，且他们自身都具有一定程度的实践经验，无须经过上岗培训，便可以很轻易地在企业的岗位中适应下来。从中我们可以看到职业教育的优势所在。

由教育部出台的《普通高等学校经济学、工商管理类本科人才社会需求和培养现状调研报告》我们可以知道，在我国，有超过一半的企业在招聘中会考虑工商管理专业的学生，而通过笔者调查，超过一半的用人单位在以后的招聘中依然会招聘经济学类以及工商管理专业的高校毕业生。通过各项分析我们也能看到，在所有专业中，工商管理专业学生的就业率最高，即使在面临金融危机的情况下，该专业的就业率依然居高不下。

第二节　高职工商管理专业的人才培养特征

步入 21 世纪以后，整个社会的经济和文化都得到了迅猛发展，随之而来的是我国企业得到了迅猛发展，而发展最为猛烈的企业是中小型企业。随着企业的大规模发展，需要相当多的拥有一定技能水平和理论知识，且可以应对在日常管理工作中所出现的各类问题的管理人员。因为企业上述需求的存在，高职工商管理专业的学生其就业前景便显得较为广阔，所以，探索企业实际操作中的各类需求，并总结高职院校工商企业管理人才的培养方法和模式，对于学生就业而言，有十分深远的意义。

一、专业人才教育规格和目标的设计

（一）对教育目标的具体定位

所谓"教育目标"，即学生在经历了一定程度的培训和教育之后，最终所达到的标准和状态，教育目标有一定的类别、层次和范围界定。在对高职院校培养方法进行研究时，首先要顾及的便是高职院校的教育目标，因为它本身有一定的坐标和导向作用。而如果想要创建科学合理的高职工商管理人才教育培养模式，首先要确立的便是同时代需求所对应的人才教育培养目标。从当地各行业的发展以及自身的经济发展现状来看，我们可以将高职院校工商管理教育目标确定为：培养三观正确、德智体美等品质全面发展，对整个社会建设有利，能熟悉国家经济的法规、法律以及企业最基本的操作过程，有一定程度的英语、计算机使用技巧，能熟练掌握工商管理专业中所必须要掌握的理论知识，对工商管理专业中所用到的诸类管理问题能解决并处理好，有敬业精神和职业道德的应用型人才。

（二）培养规格设计

首先，是对知识结构进行设计。所谓知识结构，即各种形式、内容的知识在学生的认知结构当中的比例与层次。其次，是对整个人才教育质量进行衡量的尺度之一。作为高职院校的学生，首先应当具备的便是专业知识以及理论知识。其中，理论知识是高职学生面对未知环境的基础，而专业知识则是学生在以后的职场生涯里所必须具备的知识结构。从这方面来讲，在设计知识结构之时，既要重视专业知识，又要重视基础知识，在对二者的重视程度上要做到适中，不可顾此失彼。而对高职院校工商企业管理的学生来讲，对于知识结构，首先要掌握的便是文化知识，在对文化知识进行掌握的同时，要学习好整个社会市场经济的运营机制和基本理论，对于与之相关联的经济法规和法律要做到了解，要具有一定的计算机操作和应用知识，以及企业基本运作的过程和从事工商管理工作所必须要掌握的基本知识和基本理论，最后，对于英语知识也要做到基本了解。

其次，是对能力结构进行设计。所谓能力，是一个人实施具体活动并维持稳定心理状态的保障，是各项知识技能的整合。作为高职院校的学生，其能力主要构成成分是其运用知识、获取知识的能力和在学习和工作中的创新能力。作为一个高职院校工商管理专业学生，首先应当具备的便是社交公关的能力以及沟通协调能力。除此以外，高职院校的学生还要有相当水平的文字能力，并能撰写和拟定市场调研报告、企业管理文件等。

最后，是素质结构设计。高职院校的主要工作便是培养出能满足社会需要的人才，因此学生除了要具备一定的综合文化素质之外，还要有一定的职业素质。所谓职业素质，便是学生承担自己岗位职责的能力。而高职院校工商管理专业在对人才进行培养教育之时，要对学生的爱岗敬业、诚实守信、团结务实、严谨协作、与时俱进等道德素质进行一定的培训。而在培训结束后，学校要根据学生的各项成绩，发放职业资格证书。

二、专业课程体系的优化

（一）突出应用性和实践性

在高职院校工商管理专业教育培养中，课程的实践性和应用性有着无与伦比的重要性，所以，学校在培养学生时，要以职业岗位在现实中所需要的能力和知识结构作为核心，要将满足社会的需求作为最终目的，在对课程进行优化和设置时，要将学生的管理能力作为核心来对待。此外，最重要的是对专业知识的实践能力和应用能力的培养。而除了必须要存在的理论课程，学校还要增加实践课程，尤其是那些在专业中所必须具备的技术能力方面的实践课程，要尽可能地增加其上课的次数，增加教学的实效性。最后，实践课程可以由模拟实训、课程实训、毕业实习、综合实训、职业资格证书等诸多互相递进、互相联系的系统来构成，整个系统要能体现出课程的可操作性、适应性以及实用性。换言之，可以设立比如说能力拓展、模拟实训以及企业经营模拟训练和顶岗实习等操作性强的课程，来培养学生的理论知识和操作能力。

（二）学历证书和实习资格证书相衔接

学历证书和实习资格证书相衔接的教育模式可以说是当前职业教育发展和改革的大致方向。高职院校的学生在获得相关学历证书之后，再通过努力获得职业资格证书，来作为自己职业能力的有力依据。这对于学生未来就业来说，会有很积极的影响。从高职院校工商管理专业的学生来说，有机会取得的证书有营销师证书、人力资源师证书等。

（三）注重培养学生的综合素质

在步入社会之后，高职院校工商管理专业大部分学生都在从事同人打交道的工作，所以对于他们来说，所应当掌握的知识不仅仅是该专业所必须具备的理论知识和专业知识，他们还要有相当水平的人文素养。然而现实是，对于高职院校的学生来讲，人文素养恰好是该教育体系的薄弱之处，所以，学校在对工商管理专业的课程进行设计时，要重视培养学生人文素养的课程，并在原有的基础上增加相关课程的数量，让学生的人文素养得到进一步加强。

三、教学方法以及教学内容的改革

高职院校工商管理人才培养规格和目标是否可以实现，除了对课程体系的完善之外，教学也是十分重要的环节之一。而教学的过程所涉及的问题大致有教学手段、教学内容、教学教材以及考核的模式等。

（一）教学内容的改革

对于高职院校来说，教学内容的改革，尤其是核心课程的教学改革是一个很重要的环节，其对于学生能否适应未来岗位有着举足轻重的作用。而工商管理的教学内容如果要改革，便要突出企业管理实践能力以及基础理论应用能力的培养，要将对工作任务的分析和对专业岗位的工作内容作为主要参考依据。而在具体改革中，可以从以下几个方面去考虑：首先是将该专业中所涉及的岗位的分类、工作内容以及岗位的职责进行分析、调研、总结和归纳，让学生现在所学到的知识同以后在工作中所需要的实践能力相符合；其次，是与企业的合作，要让岗位上的工作同专业教学的内容全面接轨，其中，在理论教学的内容方面，要包含在岗位中所用到的所有理论知识，至于实践教学的内容，则要囊括所有在工作中会用到的技能操作。唯有满足这两点要求，才可以让学生拥有迅速工作的能力和工作中所需要的专业素养，让"零距离"教育得以真正实现。

（二）要综合使用各种教学手段和方法

课堂教学的手段和方法作为学校教育学生职业能力中的重要因素，其是教学改革所有内容中最为重要的内容之一。对于高职院校各专业学生来说，在对其教学上要突出一个"活"字，即在使用诸多教学手段和方法时要做到灵活，尽量让学生由以往的被动接受知识变成主动吸收知识，从以往的从属变为后来的主体。教师在整个教学中，可以根据所教内容的不同，综合运用情境模拟法、案例教学法、管理游戏法、项目教学法等。在教学中可以充分借助现代高科技作为教学的辅助手段，让课堂教学的趣味性、直观性以及多样性都得到增强，让学生的学习氛围和学习环境都变得更加轻松。再者，教师的教学要重视课堂教学，但不能只是重视课堂教学，除课堂教学之外的网络教学，也可以极大程度地延伸教学空间，因此，教师可以对网上的学习资源进行整合和利用，将整个学习过程拓展至课堂之外，让课堂教学获得进一步的拓展、强化以及延伸，让学生的学习平台更为广阔、自由。

（三）开发富有针对性的教材

教学教材是教学方法和教学内容的体现，是教师教学的必备工具。一方面，它是教学内容和教学思想的载体，另一方面，它又是教学经验以及教学方法的结晶，它是保障教学质量的工具。对高职院校的工商管理来讲，无论是教学大纲还是教材的制作，都须经过学校和企业的合作来共同完成，所以完成教材制作的过程，既需要将各个劳动组织以及企业生产逻辑进行整合，又需要完成系统学习和案例学习的整合工作。换言之，在整个教材的编写过程中，要严格遵守教学工作和教学内容二者相结合这一基本原则，整个课程的编写和设计都要在企业人员与专业教师合作的基础上共同完成。

四、对"双师型"教师的培养

（一）使用各种方法，尽可能地培养学校教师"双师"的素质

在整个高职院校中，最为重要的组成成分除了学校学生之外，便是学校教师。可以说学校教师的专业素养以及教学水平直接关系学生的未来。然而现实是，学校的教师大多都没有在企业中真实工作的经历，如此也就无法给学生传授实际操作的工作经验。因此，学校要在培养教师的教学能力之外，着重培养其"双师型"素质。首先，学校要激励教师参加各项职业技能鉴定，要鼓励教师从中取得职业资格证书，并借助校内的实训基地来完成一定程度的技能训练，为以后指导本专业学生的实训、实习、就业以及培养其实践能力奠定基础。其次，学校要同企业建立深度的合作关系，要督促教师走进企业的管理生产线，对企业的工作流程、组织方式以及新技能、新技术和新产业的发展情况做到了解。此外，学校还要鼓励教师凭借项目开发来积累自身所需要的专业技术、职业技能以及实践经验等，让教师从以往的单一教学往科研、教学和生产实践处改变。

（二）大力建设兼职教师队伍

对于兼职教师队伍的建设，是让"双师型"教师得以发展壮大的必经之路。首先，兼职教师往往是学校从企业的生产一线聘请到的高技术人才，当然，也有

可能是学校从其他院校聘请到的技能型人才。通过他们，可以让企业的一些专业知识、操作技能以及具体操作的经验源源不断地流向学校。从短期来讲，不论是学校的教师还是学生的专业技能，都可以获得极大的提升，从长远来讲，因为他们的存在，让越来越多的教师变成"双师型"教师，大大加强了学校的师资力量。

第三节 高职工商管理专业的课程体系现状

近年来，我国经济得到了快速发展，随之而来的是人们给社会上的各类专业人才提出了更高的要求。而我国现阶段的高职院校工商管理专业的课程体系在结构、培养目标以及实施途径等诸多方面依然有着较为严峻的问题，让学校在培养学生独立创造力以及组织能力之时遇到或这或那的难题，而学生在步入社会之后其能力也无法满足企业的要求，因而学生的整体就业率较为低下。从中我们知道，对高职院校工商管理专业的课程体系进行改革，无论是对学生还是对整个社会来讲，都有着很深远的意义。

一、高职工商管理专业课程体系设置的现状

当下，在高等教育不断改革的情形之下，高职院校的工商管理专业正在试图使用模块教学的理论，并借助课程体系把各种各样的课程模块进行归类划分，使其分为不同板块。现今的高职院校在工商管理专业的课程安排方面主要是集中在学科方面，至于对学生专业技能和实践操作的培训，则较少安排。除此之外，有些学校会出于"完美"的考虑，而刻意要求课程体系往"高、大、全"的路线上走，这又让各学科之间缺乏衔接。

二、高职工商管理专业课程体系当前所存在的问题

（一）人才的培养目标定位模糊

人才培养目标的定位较为模糊，指的是在对人才培养目标的设计上，呈现出一定的趋同化。而人才的培养目标则主要包括人才的素质结构、能力以及基础知识等。它是学校对自己培养学生而设定的最终预期。在教学专业建设与组织活动中，人才的最终培养目标关系着整个活动能否顺利进行，而在整个教学工作中，

学校所开展的任何活动都是以这一目标为基础建立起来的。此外，管理本身有着一定的艺术性和科学性，人的学历高低本身并非是衡量个体管理水平和能力的标准，而高职工商管理专业其培养目标却主要是以基层管理者为主，如此也就使在对课程体系的设置方面出现结构不科学、内涵相对模糊的现象，这对于学生未来发展空间来说，有着很强的束缚性。

（二）课程体系结构的设置上缺乏前瞻性和职业性

对于我国的高职工商管理专业来说，现在普遍存在着课程体系的前瞻性和职业性匮乏的现象，具体表现如下：

首先，是课程体系在设置方面缺少一定的职业性，它们与当下的企业需求有着极大的不协调。

其次，高职院校的课程在发展方面，其课程缺乏应用性，不利于提升高校学生的综合能力和职业素养。

最后，高职院校在对课程进行开发时，其课程缺乏职业性和前瞻性，在对市场调研方面也极为匮乏，更多的是按照原样照搬。

（三）综合技能及能力的培养有所欠缺

一般而言，如果想要让学生的实践操作和理论知识有所提升，科学而有效地开展专业实践方面的课程是一个行之有效的方法，因为它可以让学生的理论知识得以完全消化并体现出来。所以，如果想要让高职院校的学生可以很娴熟地使用学到的理论知识，并让理论知识协助其实践能力发展，那么，便应当重视对高职院校工商管理专业学生的实践能力与理论知识的整合。不过现实是，我国当前的高职院校，大多数都没有较高的实践课程配置水准，他们大部分的精力都放在向学生传授理论知识当中。正因为如此，学生尽管有着较为扎实的理论知识，却无法将其应用到实践当中。此外，过分偏重理论知识的传授，甚至会让学生想当然地认为理论知识重要而实践知识不重要。更有甚者，有的学校会为了凑学分而在原有的基础上更加过分地压榨学生实践的时间，这对于学生的实践以及未来在企业的发展来说，都有不好的影响。

（四）实践教师的师资匮乏，其课程的实施途径很单一

纵观我国高职院校的历史发展可以得知，学校对于学院各专业系统性的发展看得比较重要。此外，学校对于学科内容方面，也颇为执着于精、专、深等特点，

因为这些特点的存在，使得我国的高职院校教师大都偏重于理论性教育，对实践性和技能的培训则并不重视。正因为如此，在我国包括高职院校在内的大部分教师，大多都是偏重理论教学而忽视实践教学。此外，我国高职院校在实践方面，其师资力量和资源相对来说较为匮乏，导致我国高职院校在对实训基地建设方面较为疏忽，即使有的学校的实验室等实训基地创建得比较好，但是在使用率等方面却不高，久而久之也就沦为了摆设。再者，高职院校专业课程在实施上也颇为单调，其教学模式多为"老师教而学生听"等单项模式，其对理论性教学的重视过度必然导致学生无法与企业以及社会建立深度衔接，导致学生上课积极性变差，学习创新能力也很难得到提升。

三、完善高职工商管理专业课程体系的具体措施

（一）将学生的就业作为主要方向，让培养目标更为明确

一般而言，通过设置课程体系，可以很详尽地将高校对人才的培养目标展现出来。而为了让学生能更好地就业，在高职院校课程体系设置过程中，要将培养人才各项能力作为核心出发点，在此出发点的基础上不断地加强对学生素质以及能力的提升，直至他们自身具备同别人的合作意识以及市场竞争意识为止。

当下的时代，市场经济发展势头越来越猛烈，作为培育满足社会需求人才的基地，高职院校须对市场的需求实施不间断的探索，并在探索的基础上不断地改善并调整其对于人才的培养模式，让学生在面对不断变化着的社会时能有更强的适应能力。此外，高职院校在培养学生过程中，须将市场需求和学生自身特点结合起来，并在此基础上增强对学生操作能力、沟通能力以及协调能力和资源整合能力的培养，让学生的接受能力和学习能力都得到切实的加强，学习态度得到显著改善，最终形成良好的就业能力和创新能力。

（二）以满足社会市场需求为目的，优化课程结构

高校在对课程体系进行设计时，所考虑的往往是自身能否满足企业的发展需求，所以，在其对人才的培养中，便需要让知识、技能与岗位这三者紧密衔接起来，如此课程设置才能构建出合理而科学的培养体系来。

首先，课程设置要以本专业的发展以及自身特点为主要参考对象，要充分参考企业对于学生的各种需求，做到让各类学科之间都能完美地衔接起来，从而让

交叉学科与本学科的逻辑关系得到正确的处理。

其次，学校在对课程进行设置时，要充分考虑本专业就业的大致方向，要让课程体系同岗位的实际操作以及企业的需求完美协调起来。此外，学校要致力于对学生操作动手能力的教育，唯有如此，才能让学生在步入社会之后轻松上岗，并在自己的岗位上取得一番成就。

（三）增加实践创新课程的开设比例

高职院校在人才培养的目标方面，主要是侧重于培养能满足市场需求、有着很高的操作能力的应用型技术人才。因为这一目标，在高职院校的课程设置上，务必要打破以往的模式，致力于对学生实践能力以及操作技能的培养，在教学体系方面务必要设计得科学、合理。所以，高职院校要从以下四方面来进行努力：

首先，要完善现有教学体系，并致力于培养学生的实践技能。高职院校应当增加实践教学上的时间，要尽可能加大培养学生实践操作水平的力度，让学生在学习到理论知识之余，也能娴熟地将理论知识应用到实践操作当中。

其次，要协调实践和理论的教学比重，让教学管理这一体系得以规范化。在对学生开展实践课程之时，学校须对整个社会实践比重进行一定程度的协调，而不是像以往那样仅仅局限在对操作技能的培养上。学校要激发学生学习的积极性，要创建完善的实验室等实验场地。为了全面激发学生参与的积极性，学校可以创建研究小组，培养学生在实践方面的操作动手能力。

再次，在开展学生的实践创新课程方面，要尽可能做到多方式、多渠道化。比如说可以通过创办一些专题讲座来探讨关于管理学等方面的专业知识，让学生在调研能力得到大幅度提升的同时，也得以对我国相关政策、法律法规做到深入了解。

最后，学校应当增强同政府或者企业的合作力度，让学生可以通过去企业进行实践，来提升自身的调研能力和专业的素养，为日后进入企业工作做好准备。

（四）优化教师资源，加大教学改革的力度

教师工作的成绩可以很直接地影响整个师资队伍的发展，为了高校的发展，学校应当优化教师资源，加大教学改革的力度，将"工学结合、校企合作"作为导向，在致力于提升教师的专业理论知识的同时，还要提升其实践操作能力。

首先，教师要努力提升自己的教学水平，要对自身所学知识进行及时更新。

而学校也要激励该校教师对教学方式进行更新，让网络技术、计算机技术以及光电技术等高科技手段也融进高职院校的日常教学当中。此外，为了提升教师的教学经验和实践技能，学校还要激励教师考取相关职业证书。

其次，学校应当以积极的心态来协调企业同社会之间的关系。对此，学校可以邀请社会或者企业中有着丰富经验的专业技师到学校来进行演讲，给学生以及教师分享实际操作经验。此外，学校还可以以讲座的方式，来丰富和完善对学生实践教学这一环节，增强自身教学的实践操作能力以及学术专业水平，在改革中不断地锤炼师资队伍，让整个高职院校的课程体系得以有效实施和运转。

第四节　高职工商管理专业发展面临的问题

当下，我国经济体制的改革逐步加深，使得市场的竞争也更加强烈，整个社会对管理人才的需求也在逐渐上升。再者，随着我国经济向工商产业链发展，商品自原材料到最后收归消费者所有，这中间有太多的流程和转折，比如说，加工、生产以及销售等，而这其中的知识都需要工商管理类专业的学生明白并会操作，然而现实是工商管理专业的学生对于此类知识大多都所知甚少，久而久之，就会出现各种各样的问题。

下面，笔者将对高职工商管理专业的发展中所存在的问题进行分析和解决。

一、高职院校工商管理专业在发展中面临的问题

一般而言，高职院校工商管理专业是我国教育部在充分参考了企业管理和工商管理的优点之后才创建和发展起来的。此外，在其发展和建立过程中，教育部又将该专业同当前社会和企业对复合型、知识型人才的主要需求结合起来分析和考量，从而致力于展现该专业的前瞻性、时代性以及应用性。客观来讲，工商管理专业在福利和薪金方面有着其他专业所没有的优势，然而从培养方面来讲，要培养一个能独当一面的专业人才，却需要大约四年甚至更长的时间。与此同时，在如今的我国，有相当一部分高职院校在工商管理专业的发展上，存在着这样那样的问题，从短期来看，这严重地制约着该专业的发展和壮大，从长远来看，因为该类问题的存在，与该专业相关的专业（比如说物流管理、市场营销以及会计

等专业）的未来发展也将受到严重制约。

（一）师资力量的匮乏严重制约着工商管理专业的发展与构建

正所谓"强将手下无弱兵"，作为学生学习生涯的领军人物，如果专业教师的专业技能不足，便无法培养出质量过硬的学生。可是在竞争日益激烈、学生生源日益紧张的今天，高职院校若想谋求更大的发展，已经越来越困难，所以越来越多的高职院校在尽可能多地扩大招生范围的同时，也在不遗余力地控制甚至减少办学经费。在高职院校任教的教师，在薪金方面，完全无法同动辄数万甚至十数万年薪的正规本科院校的教师相提并论。长此以往，也就使得越来越多的优秀教师为了自身考虑而相继往普通大学或者重点大学那里跳槽，而高职院校为了节约资金也无力聘请优秀的教师来本校任教。师资力量如此匮乏，必然导致高职院校包括工商管理专业在内的所有专业的发展受到桎梏。

（二）高职院校工商管理专业在课程设置方面同企业的需求相抵触

在当下的时代，我国高职院校中的学生，尤其是大三学生，他们中间普遍积聚着一股让人坐立不安的焦虑情绪。究其原因，很多学生认为在高职院校学习工商企业管理这门专业没有丝毫用处，即使以后步入社会也无法适应工作，更无法同现代迅猛发展的经济形式相比肩。与其说是该专业无法适应社会，不如说是高职院校在设置该专业的课程时出现了纰漏。比如说在设置《组织行为学》《经济学基础》《人力资源管理概念》这类课程之时，便同普通高校工商管理专业所开设的各类课程一般无二。如此会导致一个不良的后果：在一样的学习条件下，普通高校工商管理专业的学生其竞争力要远远高于高职院校工商管理专业的学生。长此以往，会有越来越多的高职院校工商管理专业的学生因为学校课程设置的错误而对学习产生恐慌、厌恶以及迷茫等不良反应。说到底，还是高职院校的学生在竞争力方面过于弱势，以及学校对市场定位培养模式考虑不完善。

（三）学校的实训基地设备不完善，学生严重缺乏操作动手的能力

当前，我国的各种高等院校在对实训设备的使用方面，理科生的使用频率要远远高于文科生的使用频率。换句话说，在工商企业管理的专业设置方面有一定的缺陷，学校也缺乏该专业的发展和生存所必备的实训设备。学校培养学生的模式主要是在课堂上老师强行塞给学生理论性知识，这不仅仅会让学生缺乏学习的兴趣，甚至连教师教学的兴趣也无从谈起。从工商管理专业未来的就业和发展来

讲，存在很多因为缺乏设备而导致问题出现的例子。比如说ERP，便是因为学校要节约办学资金的缘故，而只购买了ERP的物理沙盘而忽视了学生所需要的ERP电子沙盘。再比如说人力资源管理专业，培养学生所凭借的也是教师外加教科书。至于实训场地以及实训设备，则严重匮乏。

二、高职院校工商管理专业在发展中存在问题的应对策略

为了让上文中所提到的问题能够得到妥善解决，笔者对其进行了分析和思考，并得出了以下结论。

（一）要增强学校的师资力量，创建一支高水平、高学历和战斗力强、稳定性高的教师团队和招生团队

高职院校当下在经费方面确实存在着一定的问题，这点毋庸置疑，可以从长远处去考虑，这些难题必须予以解决。在此，学校可以考虑最大力度地去开源节流，节省出来的资金用以增加对师资的资金投入，让该校的教师在福利待遇和薪金发放上减少同普通院校教师的差距，从物质方面到精神方面都得到学校的照顾。此外，学校还要在增加对教师资金投入的基础上创建一支战斗力强的招生团队，在招生团队的待遇问题上，学校也要尽量增加其收入，考虑其自身的需求。

（二）工商管理专业的课程设置要同企业的需求紧紧联系起来

对于此点，高职院校工商管理专业各领导和学科领军人物都要予以重视，要做到既能敏锐地发现当下经济形势在发展中的各种变化，又能让学科发展的改革路线同市场需求相结合。当前，我国经济尽管呈现很明显的上升趋势，但是社会上的各类结构却因为激烈的竞争而急需改革，以往的生产模式和组织方式都因为新形势的到来而遭到不同程度的破坏，整个社会也对知识型和综合型人才的需求度日趋上升。所以，高职院校除了要给工商管理专业的学生开设专业课，还要开设一些关于营销和策划以及法律、财务、管理以及会展和金融等方面的课程。如果可以，高职院校还可以让学生学习一些比如SPSS等软件方面的知识。总之，在新形势下，以往的单一教学模式和专业结构已经无法满足企业的需求。

（三）加大对实验设备和实训设备的资金投入，将高职院校轻视实践而重视理论的现象扭转过来

当前，在我国大部分高职院校中，都存在着一定程度的重理论轻实践的问题。

该问题的害处毋庸置疑，其无论是对于企业还是对于学生的坏影响都已然显现出来。为了防止情形的进一步恶化，高校应当增加对实验设备和实训设备等的资金投入（比如说适当地创建一些ERP电子沙盘的实训室以及采购一定数量的同专业相关的实训器材等）。此外，高校还要在充分地考虑到工商管理专业特点的基础上，尽可能多地创办一些独立的实验室，或者将实验室同一些文科专业（如物流管理、会计、市场营销）的实训室结合起来，共同使用，让高职院校工商管理专业得到进一步的发展，最终实现政府、学校和企业共同发展、合作管理的新型模式。鉴于我国当前还处于起步阶段，笔者认为，我们可以充分地借鉴德国高职院校对工商管理专业学生的培育模式，让学生在实践中学习理论知识，所学的理论知识又能应用到实践当中。如此，可实现理论与实践双向发展、相辅相成的理想状态。

（四）要适当给学生以信息的引导，为刚入学的大学生做好学前教育

刚刚入学的大一新生对工商管理的理解极少，更多学生则是处于空白状态，为了让学生能够更好地融入学习中，该专业领域内的学术界领军人物要充分做好学生的学前教育，开课前便要给学生讲解该类专业的特色、就业方向、课程设置以及培养方向和目标等，尽可能增加学生对该专业的认识，并引导学生在认识该专业的基础上为自己确定一个能够实现的目标，让学生的积极性以及兴趣得到进一步提升。

在本研究中，笔者着重对高职院校工商管理专业的发展中所存在的问题进行了分析和讨论，并在分析的基础上找到了相应的解决策略：学校要加大对师资的投入和引进力度；学校在对专业课程进行设置时要同市场的需求紧密结合起来；学校要加大对实验设备和实训设备的资金投入，要将高职院校"轻视文科、重视理科"的趋势扭转过来；高职院校要对大一新生做好思想工作。

第三章 工商管理专业应用型人才培养调查研究

本研究从对工商管理专业学生就业问题的调查开始，首先梳理分析工商管理专业往届毕业生就业情况及存在的问题，针对性地分析就业不理想的原因，并提出解决就业问题的措施和建议。其次，做了工商管理学院本科创新人才培养现状的调查和研究，通过对已毕业学生就业质量的分析、职位变动及升迁的分析，以及学生的自我认知、对课程设置的分析，通过学生反映的问题，总结分析出学院在创新人才培养中应该注重的主要方面，进一步得出加强创新人才培养的建议和措施。

通过调查，本研究最终从五个方面得出工商管理专业培养创新型人才的途径和方法。

第一，注重以体验教育为核心的培养模式，以整个培养模式的创新来从根本上转变人才培养方式，注重学生的体验和获得感。第二，从课程角度进行创新，构建创新型导向的课程体系，并且逐步实施这种创新型导向的课程体系。第三，提高教师本身的创新能力，可以从两个方面突破，一方面引进多元化的师资力量，如从企业和政府相关单位聘请创新实践导师；另一方面以"校企合作"为契机，以企业带专业，促进专职教师的创新和实践的能力，做到资源共享、联合培养。第四，从教学方法上创新，注重体验教育，注重学业导师发挥的创新引领作用。第五，创新学生评价机制，改变传统的评价模式存在的弊端，实行多元化评价模式。

第一节 研究导论

一、选题背景

中国的大学为什么培养不出大师？这是21世纪及未来的中国高等教育的谜

题,谜底将继续鞭策中国高等教育,甚至整个教育系统的改革与发展。在经济全球化和知识经济初见端倪的今天,一个国家的教育系统能否培养出创新人才,关系到整个国家的创新能力的强弱和创新体系的建设实践。国家要在世界竞争中立于不败之地,就必须加强自身各方面创新能力的提升。打造创新能力的核心力量是创新人才,能够不断进行有价值的创新的人就是未来社会中所需的人才,而创新人才的培养需要依靠锻炼创新思维的教育。高等教育是学校教育系统的最后阶段,是创新人才培养体系的重要和关键环节,也是创新人才培养的主要阵地。因此,高校培养出来的创新人才的数量和质量在很大程度上影响着整个国家创新能力的建设与提升。

现今,全国有超过750所高等院校设有工商管理专业,各高校工商管理培养目标基本都可以归纳为具有良好的政治修养和道德素质,掌握一两门外语,具备一定的计算机能力,扎实掌握管理学和经济学理论知识,具备一定的解决问题的能力,在企事业单位及政府部门从事相关管理工作的高级专门人才,而各高校工商管理专业的课程设置也比较相似。

以青海民族大学工商管理学院为例,研究高校工商管理专业本科创新人才的培养。首先通过对青海民族大学工商管理专业往届本科毕业生就业问题的调查,来了解学生在就业时和就业后的综合素质,包括创新能力对其工作的影响,其次对毕业生进行关于整个培养过程中各方面的创新调查研究,了解毕业生对于学校培养过程中创新的认知和想法。这两次调查结果将为工商管理学院创新型人才培养方案的制订与优化,提供重要的理论参考。

二、研究目的与意义

1. 研究目的

培养学生的创新能力已是时代发展的迫切需要,如何培养学生的创新能力是各个高校中各个专业研究的热点问题。目前工商管理专业在培养创新型人才方面存在诸多问题,本研究计划采用访谈法和问卷调查法,对青海民族大学工商管理学院培养创新型人才的情况进行调查,找出存在的主要问题。在此基础上,结合国内外工商管理专业创新人才培养经验和青海民族大学实际,提出符合该校实际的工商管理专业创新人才培养的模式和途径。

2. 研究意义

本研究以青海民族大学工商管理学院省级重点一级学科——工商管理作为研究对象,分析工商管理专业在创新人才培养方面存在的各种问题,结合理论分析和调研取证结果,找出影响学生创新能力培养的各种因素,全面探讨如何培养学生创新能力的方法策略,初步构建一个比较理想的创新人才培养模式和机制,希望该模式和机制的提出能够给相关教学部门以启示,在日后的创新人才培养过程中精益求精,革除传统工商管理专业的弊端,密切关注市场需求,按照知识经济发展趋势和工商管理教育的发展规律,使工商管理专业培养出更多优秀的创新型人才,服务社会,报效国家。

三、研究方法

在系统论的思想指导下,坚持理论结合实际的原则,将青海民族大学工商管理专业创新人才培养实践作为一个整体系统进行研究。本研究计划采用整体分析法、系统分析法、历史分析法和个案分析法等基本研究方法。此外,本研究还使用文献分析法、问卷调查法、访谈法和实地观察法等方法收集研究材料。

1. 历史分析法

对青海民族大学工商管理学院创新人才培养的实践分析,是建立在人才培养改革与创新的历史分析之上的。在此用历史分析法,来客观描述工商管理学院在创新人才培养方面所做过的尝试,并分析出其中的特点和问题。

2. 文献分析法

对工商管理学院在创新人才培养实践过程中产生的文本型资料,进行分析研究,透视出工商管理学院在创新人才培养实践上的特殊性和问题所在。同时,梳理其发展历程,在其教育教学的历史中,解读其人才培养的改革与创新,为后期的创新人才培养实践探索打下基础。此方法是本研究进行材料收集、处理和归纳的基础方法。

3. 问卷调查法

编制名为《青海民族大学工商管理学院创新人才培养实践的调查》的问卷,来了解学生对工商管理学院在人才培养实践上创新和改革的感受。问卷采用整群抽样和系统抽样的方法进行随机抽样,分别在会计学、财务管理、江河源卓越财会人才实验班、工商管理、旅游管理(现旅游学院专业)等专业各发放30份问卷,进行摸底调研。

4. 非正式访谈法和实地观察法

计划通过对选定的研究对象（工商管理班的部分同学和老师，教务处办公室和学工处实践办公室的工作人员），计划实地进行20余次观察和50余次非正式访谈，了解各个模式在运行中应该遵循的原则和出现的问题以及解决的途径。

四、国内外研究现状

关于"创新人才培养模式"的研究，20世纪中后期逐步成为教育界研究的热点。作为一种学术概念，很大程度上，它是中国教育教学改革的产物。

1. 国外相关研究

西方发达国家虽然没有明确地提到"创新人才"的概念，但是关于创新的内涵则是早在1912年就由美籍经济学家、创新之父——熊彼特在其著作《经济发展理论》中首次提出了。他认为，创新是把一种新的生产要素和生产条件的"新结合"引入生产体系。在欧美发达国家中，人才培养方面的研究和实践虽没有明确提出创新型人才培养的观点，但是其培养方案、培养模式无不凸显了其对于创新人才培养的内涵：强调培养人的创新意识、能力和思维，积极引导学生进行独立思考、鼓励学生进行创造性思维。在创新人才培养方面的实践运作都已经比较成熟，处于理论与实际的良性互补时期，有丰富的培养创新人才实践和创新人才培养的模式。例如，德国的"双导师制"培养模式，英国的政府"产—学—研"合作模式，美国的"一个中心，三个结合"模式等。

国外对人才培养的研究集中在心理学领域，注重知识与能力的建构与培养研究。其一，在高校的人才培养实践中体现出创新人才培养的本质。例如，哈佛大学、普林斯顿大学、牛津大学和剑桥大学等世界知名大学，以追求真理为办学宗旨，在人才培养上以全面发展的人、有教养的人为培养目标，强调培养的人才应该是在情感、智力方面全面发展的人，应该是受过广泛而深刻教育的人，是独立思考能力、分析能力、批评能力和解决问题的能力高度发展的创新人才。其二，研究的理论成果能够及时运用到人才培养的过程之中，并在人才培养实践中丰富培养理论。例如，美国高校提出的本科毕业生标准，其中蕴含着创新人才所需要的知识、能力和素质结构。国外对人才培养的研究和实践告诉我们：创新人才培养模式既是一种理念，又是一种实践，更是一种由理念引领的实践。

2.国内相关研究

从理论研究层面,有些学者论述了高校发展与创新人才培养的区别和内在联系,它们是一个整体的两面。高校创新人才培养模式的理论基础,主要有教育规律理论、现代人才素质理论、人力资本理论、区域竞争力理论和创新相关理论。高校创新人才培养模式是高校培养创新人才的核心和灵魂,而创新人才培养模式的作用发挥,离不开高校创新人才培养机制的灵活性和机动性。创新人才培养机制的形成,有赖于大学理念的更新、高校管理体制的变革、灵活有序的教学模式的建立。

在高等教育大众化背景下,创新型人才培养机制建设,应进一步提高教育质量,坚持科学发展观,以生为本,加强高校特色建设。创新教育从创新型人才成长的特征出发,认为建立人才培养、使用、流动和激励的新机制是创新型人才培养机制的基础。要把创新人才的培养看作一个系统工程,高校作为培养和造就高素质、创造性人才的摇篮,应深刻反思其办学理念,以教育创新来实现创新教育,为国家培养具有创新精神和创新能力的创新人才。

从实际工作层面,研究注重的是实践应用型的探讨。众多的富有特色的创新模式出现,如产学研结合模式、产学合作教育模式、主辅修制模式、分专业培养模式、双学位制模式、大类招生、"3+1"培养模式、"3+2"培养模式和本硕博(本硕)贯通培养模式等。这些模式的提出是针对特殊条件的,是一个特殊环境下的高校对自己培养人才的基本途径的组合,发挥组合优势来打造创新人才培养的创新性。有些是修业的年限不一样,有的是打造的能力结构不一样,还有的是能力与知识、技术与理论的程度区别。当然,教学还是高校培养人才的主要途径,创新人才的培养也离不开基本的教学,所以德育、智育、美育、体育等还是创新人才培养的基本途径,也是构成创新人才培养模式的基本元素。

第二节 工商管理专业毕业生就业问题调查

一、工商管理专业毕业生就业不理想的原因分析

对于青海民族大学工商管理专业就业存在不理想的状况,笔者对工商管理专

业毕业生进行了问卷调查,以便深入了解其中存在的问题及原因。此问卷发放45份,回收有效问卷33份。问卷收集资料如下。

①你认为本专业是否符合社会经济发展需要?

调查资料显示,33人中有4人选择符合,23人选择基本符合,6人选择不符合。

②专业理论知识与实际工作的要求相比,专业理论知识是否够用?

调查资料显示,33人中有3人选择了专业理论知识对于实际工作要求来说够用,15人选择基本够用,而15人选择了不够用。

③专业技能与实际工作的要求相比,是否可以直接顶岗?

调查资料显示,33人中仅有3人选择专业技能在实际工作的要求下可以直接顶岗,22人选择基本可以顶岗,而有8人选择了不能顶岗。

④你对本专业学生学风的总体评价是?

调查资料显示,33人中有6人对本专业学生学风的总体评价为很好,有10人选择了学风较好,而16人选择了学风一般,有1人选择了学风较差。

⑤大学期间你曾参加过何种社会实践活动(多选)?

调查资料显示,33人进行多选,校外兼职选择的次数有19次,参加学生社团工作16次,校内勤工俭学5次,"三下乡"社会调研等1次,而有2人在校期间均未参加。

⑥在大学期间,你了解国家对大学生就业政策吗?

调查资料显示,33人中有27人选择知道一点儿,有4人选择比较清楚相关政策,有2人选择完全不了解。

⑦在大学期间,你何时基本确定职业意向?

调查资料显示,33人中有22人选择了在大学三年级基本确定职业意向,有5人选择了在大学二年级,有3人选择在大学一年级,有3人选择在做资料调查时尚未确定自己的职业意向。

综合以上调查资料,可以分析总结出青海民族大学工商管理专业毕业生就业情况不理想的原因为如下几点:

1. 学生对工商管理专业认可度不高

学生对专业的认可度体现在三个方面,第一是学生对所学专业在认知能力基础上所形成的认可度;第二是学生结合自己兴趣爱好和实际情况所形成的职业规划;第三是将所学专业与职业规划结合的程度。除此之外,在校学生的专业认可度受到很多因素的影响，如该专业获得社会的认可程度、专业就业发展前景、专业的教育性质以及社会对性别的传统定位等。而专业认可度与职业规划间又有着极为密切的关系，表现在专业认可度高有助于学生形成良好的专业认知度、积极且实际的人生规划、健全的职业道德等，是全面提升自我综合素质的关键所在。对毕业生数据资料进行分析发现，一方面，学生因长期对工商管理专业存在认知的偏差，择业时普遍存在主动放弃与专业对口的工作而选择其他工作的现象；另一方面，社会人士和公司对工商管理专业的认知也存在偏差，认为此专业大而不专，学生无专业优势。这都使得学生在应聘的过程中对所学专业不自信，导致企业在招聘时，对工商管理专业学生不信任。

2.教学理论知识与实际工作要求匹配度不高

（1）教学知识陈旧，不能满足实际工作要求

青海民族大学工商管理专业针对本科阶段学生开设了管理学、统计学、微观经济学、宏观经济学、经济法、企业管理、市场营销学等一系列专业必修课，在课程设计上较为充实，但很多课程存在教师讲授的知识与实际不符的情况。那么如何做到"教育理论与知识相结合"？可从以下三个方面着手：一是从理论产生的角度来分析，理论的形成应直接来源于实际生活；二是从理论形态的角度来分析，教育理论本身应具有实际可操作性；三是从理论方向的角度来分析，理论研究应源自现实生活，体现理论研究的时代性。就青海民族大学工商管理专业来分析，造成教师教授知识与实际工作要求不符，一方面是由于某些专业课程教师自身存在知识陈旧的问题，如教师所讲授的知识点或分析案例没有及时更新，使得毕业生缺乏处理实际问题的能力。另一方面则是因社会变化的节奏越来越快，新的知识不断涌现，而学校未能及时敏锐觉察工商管理专业应及时进行调整，加入一些新课程，这也在一定程度上使毕业生在实际工作中存在先天性短板。

（2）过于注重理论知识教授，忽视实践环节学习

受传统教育模式的束缚以及工商管理专业实践难度大的影响，青海民族大学工商管理专业的教学模式目前主要还是采用以教师讲授、学生接受为主，缺乏教师与学生间的互动，以及实践教学环节的学习。在教学过程中，过度重视理论知识点而轻视了具体案例的实操。这使得工商管理专业毕业生在日后面对具体的实际工作时，缺乏动手、全面思考的能力。

3. 自身理论知识储备不足

（1）学生学习劲头不足，自觉性不强

青海民族大学大量生源来自欠发达地区，基础教育薄弱，学生的个人成绩参差不齐，整体学风不够优良。在工商管理班中，学风不良问题导致了班级整体学习氛围不浓、学生上课状态欠佳等，最终使得学生在就业竞争中处于劣势。

（2）在校期间，教学安排不合理

在大课堂教学模式下，几个班级由一名教师授课，便会出现自觉性不强的学生逃课、上课不认真听的情况。同时，对于授课教师而言，学生真实的学习情况也很难及时掌握，导致后期不能针对学生存在的问题制订更好的教学计划。另一方面，工商管理专业的学生绝大多数为文科生，一些需要计算、需要较强逻辑思维的课程，如宏微观经济学、统计学、管理信息系统等课程学习起来十分吃力。加之一些课程在教学安排上存在不合理的现象，如难度较大的课程其教学课时并未适度增加，导致学生对一些难度较大课程的理论知识储备不足，学习质量大打折扣。

4. 在校期间课外实践不足

各类大学生社会实践活动，可让生活在"象牙塔"里的大学生全面广泛深入社会、了解社会，不断完善自我以适应现实社会关系发展的需求。如今用人单位在招聘过程中，越来越重视应届生大学期间课外实践活动的情况，因为这种实践活动不仅能够充实学生的校园生活，更能够增强学生动手做事的能力。

很多学生由于自身认知不足，宁愿在寝室里上网休闲，也不愿出去参加实践活动，对自己过度放任。另外，在寒暑假期间，学院虽然会要求学生自己积极参加社会实践，并要求在开学后上交社会实践报告，但是绝大多数学生并没有予以重视，未能真正参与社会实践，而是在开学时直接从网上抄袭一篇实习报告，通过家人或朋友的私人关系随便找个单位盖章了事。

5. 在校期间就业意识不足

大学生就业意识主要包括大学生对我国现行的大学毕业生就业政策的理解、对我国大学生就业发展趋势的认识、对社会人才需求状况及对自身就业竞争能力的评估等。在校期间，工商管理专业学生普遍不重视就业问题，也没有根据自身爱好和能力尽早确定自己的职业意向，为未来的就业做好准备。

二、解决就业问题的措施及建议

1. 教师应根据社会变化及时更新个人知识储备

目前，青海民族大学工商管理专业为本科学生开设了多种多样的专业课程。这些专业课的设置多参考我国其他高等院校工商管理专业课程设置，而对毕业生在求职、工作中的实际能力培养的重视程度不高。故在工商管理专业课程安排上，应就往届毕业生的就业反馈信息进行分析，以此作为调整课程安排的参考，并与相关教师进行深入的探讨，及时更新相应的专业课程设置。

对于已经开设的专业课程，教学的内容设计非常重要，例如教学大纲、教学计划、教学方法的设计，教材的选择、多媒体课件的制作以及教师讲课的方式等。而目前包括青海民族大学在内的很多高校都是教师个人把控教学内容，这就非常考验教师的个人水平。教师个人水平高就能够很好地把控教学内容，而如果教师不及时更新自己的知识就会落伍。管理类课程本身就是需要随着时代的改变而不断更新，因此想要使学生能够学到知识、锻炼能力，教师必须勤于学习，使自己的知识体系跟上时代，这样才能够让学生学有所得。

2. 增加实践环节课程所占比重

目前大学教学知识不能适应实际工作需求，很大程度上是因为高校在教学知识传递上的低阶取向。学生进行低阶学习（机械的记忆、浅层次的理解、近迁移的应用），教学过程背离了大学高深知识应有的探究、合作、实践过程，导致学生高阶能力（创新思维、问题求解、理性思维、批判性思维、自我管理、应用知识能力等）培养的欠缺。对此，就要建立起教学知识的互动、融合机制。大学教学，既需要将书本上的知识化为自身的学问，更需要将学问化为解决实际问题的能力和本领。在此过程中，要将简单的传授式教学模式改造、深化为以探究为基础，将教学、科研和实践三者有机结合。工商管理专业应让学生充分参与实践环节课程，这样不仅能使其更深入地了解、运用课本理论知识，同时也能在这个过程中锻炼学生其他方面的能力，在就业竞争中获得优势。对于习惯于单方面授课的老师，学院要积极引导，指导其改变教学模式，增加学生案例分析环节。例如商务谈判类课程，教师可适当在课堂中增加谈判模拟游戏；人力资源管理课程，可让学生进行角色扮演，进行模拟招聘；管理信息系统课程，让学生真正使用相关管理信息系统，也可以安排沙盘模拟对抗赛等实践活动；电子商务课程，可以让学生到网上开店实践。

3. 增强师资力量，提升教学质量

近年来，青海民族大学工商管理专业学生数量不断增加，专业课程多采取大课堂授课，学生的学习质量势必受到影响。这就需要增加师资力量，使教师有精力做好每一堂课的讲授，保证学生学习质量。如今工商管理专业的教师团队越来越趋于年轻化，所招教师综合素质越来越高，但很多教师都是从学校毕业直接到学校，中间没有较多的工作经历，因此实践经验相对不足，不能以亲身经历给学生传授实战经验。因此，一方面可以考虑在招聘工商管理专业教师时重视应聘者的社会工作经验，拓宽师资来源渠道，另一方面可以考虑建立企业实践人才库，聘请具有丰富工作经验的人作为外聘教师，辅导学生的社会实践工作，为学生提供更为贴切的教学，提升教学质量。

4. 加强校企联系，增加学生课外实践机会

学院应当积极与企业达成合作关系，为工商管理专业学生在寒暑假期提供更多实践机会。目前，青海民族大学工商管理学院已经与多家企业达成合作关系，共建实践基地，为大四毕业生提供实习机会。但是，针对低年级学生的寒暑假实践机会较少，因此应当积极拓展更多的合作企业，为学生提供实习实践机会，增长课本以外的知识和能力。

5. 引导学生自我成长，为就业做好准备

教师对于学生的作用很多时候在于引导，尤其是大学教师，在信息爆炸的当下，想要获得知识其实并不难，但如何对知识去伪存真、去粗取精是不容易的，对于学生来说，需要教师的引导。同时，教师的引导对于其认真学习的程度有很重要的作用。教师的科学引导能够使学生认真学习，打好专业理论基础，同时使学生积极参加实践活动，充实自我，并且根据自身爱好和特点尽早做出就业计划。具体来说，比如可以让学生参加自己感兴趣的社团活动，通过校园社团活动，拓展人脉，锻炼自我。也可以利用业余时间参加社会兼职等实践活动，真正去接触各行各业，更加了解社会，为就业做好心理准备。

第三节　工商管理学院本科创新人才培养调查研究

一、研究的目的、对象、内容和方法

本次调查的目的是了解青海民族大学工商管理学院本科创新人才培养在实践上的创新和改革，了解个人对创新人才培养实践的相关想法，这将对工商管理学院创新型人才培养方案的制订与优化提供重要的参考价值。调查对象是该校工商管理专业的往届本科学生。调查方法：本研究通过自填问卷搜集资料。我们对毕业生进行随机抽样，共发放200份问卷，回收有效问卷148份，回收率74%，所有回收的问卷全部有效。其中男生52人，占总的调查人数的35.1%，女生96人，占总的调查人数的64.9%。调查的内容包括：（1）学生素质能力的自我评价；（2）学生对已学习过课程的设置的看法；（3）教师的教学方法对学生实际工作的影响；（4）学生对以后教学的建议。本研究数据处理应用的是SPSS19.0软件。

二、毕业学生的基本情况分析

1. 学生就业质量分析

（1）所学专业与就业单位的性质交叉分析

如果按工商管理大类来看，在所调查的56名会计财管类毕业生中，其就职单位分别为国有企业占21.4%、政府部门占7.1%、外资企业占14.3%、私营企业占35.7%和其他单位占21.4%，自主创业的学生没有。在所调查的16名人力资源管理的学生中，就业分布为政府部门和私营企业，分别占25.0%和75.0%。工商管理专业的学生在政府部门和私营企业就业的，各占42.1%，有10.5%的学生选择自主创业，还有5.3%的学生在其他单位就业。

（2）性别与就业单位的性质交叉分析

从性别来看，在所调查的52名男生中，有20名学生在政府部门就业，占38.5%；有12名学生在私营企业就业，占23.1%。而在所调查的96名女生中，也有20名学生在政府部门就业，约占20.8%，有52名学生在私营企业就业，占

54.2%。由此可以看出,男生多青睐于政府部门就业,女生更青睐于私营企业就业。

2.学生就业职位及升迁情况分析

(1)就职年限与就职单位所处的层级分析

从就职年限来看,不满1年的毕业生一般位于组织单位的基层,占47.1%,而5年以上的毕业生一般在组织单位中的地位属于中层或高层。这是由于学生刚开始工作经验欠缺,不可能快速升职,但也不排除一些特别优秀的学生,升职速度快。经过5年锻炼,经验丰富,又有学历,相应地在组织中的地位有所升迁,符合升职的一般规律,但也有部分优秀学生初入职就担任组织单位的中高层领导,也不排除有少部分毕业生由于多种原因升迁较慢这个事实。

(2)性别与就职单位所处的层级分析

从性别来看,在所调查的52名男生中,有53.8%的毕业生在组织单位的基层工作,只有23.1%学生在组织单位的中层或高层工作。而在所调查的96名女生中,41.7%的学生在组织单位的基层工作,41.7%的学生在组织单位的中层工作,16.7%的学生在组织单位的高层工作。由此可以看出,在组织单位中男生比女生升迁速度慢。

三、学生自我评价分析

往届学生素质能力的培养应着重综合素质、专业知识、外语水平、计算机水平、自我应变能力、学习能力、创新能力和实践能力8个方面。对学生素质能力的自我评价按由高到低排序,其中,综合素质排在第一位,在较好和很好之间,接下来依次为学习能力、创新能力、实践能力、自我应变能力、专业知识、计算机水平、外语水平,在一般和较好之间。由此可以看出,我们培养的学生综合素质较高,外语水平较差。这是由于学生的外语学习的基础较差导致的。

1.学生素质能力与性别交叉分析

对学生素质能力与性别交叉分析,我们提出了以下假设。

原假设:学生素质能力与性别无关。

备择假设:学生素质能力与性别有关。

学生的素质能力除专业知识和学习能力与性别无关外,综合素质、外语水平、计算机水平、自我应变能力、创新能力、实践能力都与性别有关。通过调查我们发现,综合素质表现很好的多为男生,占80.0%,综合素质表现较好的多为女生,占 73.3%；在外语水平、计算机水平、自我应变能力、创新能力、实践能力等方面女生明显优于男生。由此可见，青海民族大学工商管理专业毕业学生中女生的各方面素质普遍高于男生。

2.学生素质能力与就业单位的性质交叉分析

通过对学生素质能力与就业单位的性质交叉分析我们发现，学生素质能力与就业单位的选择，综合素质强的学生选择私营企业的最多，占40%，其次是国有企业、政府部门、自主创业，各占20%，外资企业和其他没有就业学生。专业知识很好的学生在国有企业、私营企业以及自主创业的就业比例为1∶1∶1，政府部门、外资企业和其他选择中，没有就业学生。外语水平高、自我应变能力强的学生选择就业单位仅限于政府部门和私营企业，就业比例为1∶1。计算机水平高的学生全部到了私营企业就业。学习能力特别强的学生，在外资企业工作的占到一半，另外一半在私营企业和自主创业两种不同就业方式中均分。创新能力强的41.7%的学生进了私营企业，其次是政府部门占比25%，外资企业占到16.7%，国有企业和其他单位各占8.3%。实践能力特别强的学生，首选就业单位为政府部门，占到50%，私营企业和自主创业并列排在第二位，各为25%。综合来看，该校工商管理专业毕业学生根据自己的各方面的素质能力，在毕业后就业的选择上，私营企业的人数最多，占43.2%，其次政府部门占27.0%，不到30%的毕业生就业于国有企业、外资企业、其他单位或自主创业。

3.学生所学专业与素质能力交叉分析

通过对学生所学专业与素质能力交叉分析可以看出，该校工商管理专业的学生应变能力、创新能力、学习能力较强，而专业知识、外语水平、计算机水平、实践能力较差，在后续培养学生时，除了保持优势外，专业知识、外语水平、计算机水平及实践能力等方面也有待提高。

四、学生对课程设置的看法

工商管理专业课程设置是否合理，结合自己工作经历，毕业工作一段时间后的学生最具有发言权。为此，我们就这一问题进行调查分析，结果为：

1.学生对本专业应强化的课程的看法

在所调查的148名学生中，有56.8%的学生认为公共选修课需要强化，排在第一位，有35.1%的学生认为公共基础课需要强化，排在第二位，接下来依次是，有18.9%的学生认为实践课需要强化，16.2%的学生认为学科基础课需要强化，仅有5.4%的学生认为专业课需要强化。而需要减少的课程依次为：公共基础课占70.3%，实践课占62.2%，公共选修课占35.1%，专业课占5.4%，学科基础课占2.7%。

2. 工商管理专业在课程设置方面存在的问题

在所调查的148名学生中，有81.1%的学生认为实践环节课程设置少且不合理，有75.7%的学生认为课程设置过于侧重理论，有29.7%的学生认为课程重复设置，有18.9%的学生认为课程设置过于密集。可以看出在以后的课程设置时应加强实践课的教学力度，即便是理论课也应加强学生实践的操作能力的培养。

3. 学生对专业必修课程的创新实用性进行评价

在工商管理专业设置的包括实践课在内的25门课程中，有50%以上的学生认为实践类课程、会计学、财务管理、管理学、人力资源管理、市场营销、经济法、统计学、公共关系学和证券投资学创新实用性强，有40%~50%的学生认为物流管理、西方经济学、市场调查与预测创新实用性强。有30%~40%的学生认为运营管理、战略管理创新实用性强，有20%~30%的学生认为商务英语、组织行为学、国际贸易理论与实务、电子商务概论创新实用性强（上述分析中课程的实用强度按由大到小的顺序排列）。由此可以看出学生认为商务英语、组织行为学、国际贸易理论与实务、电子商务概论这几门课程的创新实用性较差。

4. 学生对公共基础课程中的通识教育课的看法

在10门以上公共基础课程中，73.0%的学生认为学习计算机基础收获较大，45.5%的学生认为上综合素质拓展课收获较大，37.8%的学生认为学习高等数学和大学英语收获较大，21.6%的学生认为学习思想政治理论和马克思主义理论收获较大，18.9%的学生认为学习毛泽东思想、邓小平理论和中国特色社会主义理论课程收获较大，16.2%的学生认为学习大学体育收获较大。综合分析得出，学生认为公共基础课程中的大学体育和思想政治理论类课程对于创新性人才培养的作用较小。

五、学院在培养学生过程中应注意的方面

1. 教学方法方面

81.1%的学生认为校企合作（实践教学）教学方法有利于工商管理专业人才培养，75.7%的学生认为案例教学方法有利于工商管理专业人才培养，64.9%的学生认为项目教学方法有利于工商管理专业人才培养，51.4%的学生认为实验教学方法有利于工商管理专业人才培养，2.7%的学生认为纯理论教学方法有利于工商管理专业人才培养。由此可见，纯理论教学方法在工商管理专业人才培养过程中是不可取的。

2. 学生对案例教学法的看法

在回答"案例教学法对您综合运用知识解决实际问题能力的提高是否有帮助？"这一问题时，45.9%的学生的看法是帮助很大，也有45.9%的学生的看法是帮助一般，另有8.2%的学生的看法是无法说清楚是否有所帮助。可见，教师在案例教学方法的使用上还有待加强。

3. 对理论教学与实践教学相结合的实际效果的看法

在回答"您认为工商管理类专业理论教学与实践教学相结合的实际效果怎样？"这一问题时，13.5%的学生认为理论与实践结合得很好，51.4%的学生认为理论与实践结合得一般，还有35.1%的学生认为理论与实践脱节。由此可见，在今后的教学过程中将理论教学与实践教学相结合是教师要非常重视的方法之一，绝对不能忽视。

4. 对教师的教学方式是否能培养学生的应用能力及创新能力的看法

通过调查我们发现，在148名被调查的学生中，除29.7%的学生对在校教师的教学方式是否能培养自己的应用能力及创新能力说不清楚外，仅有24.3%的学生认为在校教师的教学方式能培养出自己的应用能力及创新能力，还有45.9%的学生认为在校教师的教学方式不能培养出自己的应用能力及创新能力。可见，在校教师在教学上应以培养学生的应用能力及创新能力为主要目的。

5. 在校教师在教学过程中应更加注重的方法

在148名被调查的学生中，94.6%的学生认为在校教师在教学过程中应更加注重对学生能力的培养，70.3%的学生认为在校教师在教学过程中应更加注重对

学生的素质教育，仅有24.3%的学生认为在校教师在教学过程中应更加注重对学生的知识传授。可见，在校教师不仅要认识到大学教育不能仅局限于传授知识，更应该注重对学生能力的培养和对学生进行素质教育。

6.学生对教师教学的评价

在148名被调查的学生中，仅有16.2%的学生认为多数教师理论联系实际，教学效果良好。29.7%的学生认为多数教师授课照本宣科，缺乏实际经验。54.1%的学生认为多数教师理论讲解透彻，但与实际脱节。可见，绝大多数教师应该抽出时间多接触社会，根据本人所讲课程到本地相关单位进行实地调研或实践，提高自己的社会参与能力，同时也可为教学找具体、真实的案例，为取得良好的教学效果而努力。

7.学生对教师教学形式的评价

在148名被调查的学生中，40.5%的学生认为教师在课堂上边讲边练自己收益最大。40.8%的学生认为教师在课堂上实际操作自己收益最大。67.7%的学生认为教师在课堂上实践教学自己收益最大。8.1%的学生认为教师在课堂上作置大量作业自己收益最大。2.7%学生认为教师在课堂上讲授自己收益最大。可见，教师在课堂上实践教学是学生公认的最好的教学形式。

六、建议措施

1.进一步提高学校创新实践教学水平

要进一步提高学校创新实践教学水平，首先应增加实践教学的内容，其次是增加实践教学的投入，再次是改革教学方式，最后是加强师资队伍建设。四个方面相互配合，协调发展，从实处提高学校创新实践教学水平，具体分析如下：

首先，要增加实践教学的内容。实践教学是在理论教学的基础上实现的，对于以前只有理论教学而没有实践教学的课程，要设置实践课的教学环节。而已有实践教学环节的课程要结合当前社会经济发展的形势，或更新实践内容，或增加教学课时，补充新的实践内容，使实践课名副其实，更能发挥出其真正的教学效果。

其次，要增加实践教学的投入。增加实践教学的投入不仅是实践教学时间的延长，也是实践课程资金投入的增加。大一到大四期间，逐渐增加实践教学的时间，特别是针对要踏入社会的大四学生，学校通过校企合作的方式，向学生提供社会化的实践机会。同时，扩大实践教学资金的投入力度，既可以是将资金投入到实践教学设备、场地租用等方面，也可以将部分资金奖励给积极参与实践教学的师生，树立标杆作用。

再次，改革教学方式。教学方式要增加灵活性、参与性，改变以往的固定为老师讲、学生听的教学模式。将教学方式延伸到教室之外，如户外教学、公司实地教学等，使教学方式更为灵活。同时，培养学生对实践教学的参与性，主要指学生对实践教学全过程的参与，如包括参与教学内容的制订、授课方式的选择等。

最后，是加强师资队伍建设，提高教师对创新实践课的教学水平，包括教案的创新、教学方式的改进等。

2. 进一步加强创新实践性课程和实践性教学环节

要进一步加强创新实践性课程和实践性教学环节，需要从四个方面着手。四个方面相互配合协调发展，从实处提高学校创新实践课程和实践环节的水平，具体分析如下：

首先，增加实践方式，如组织学生到相关单位见习，采用小组课题研究的教学方式等，逐步加大校企合作的深度和宽度，一方面学校与企业形成更为深刻的合作关系，如人才的定向培养；另一方面，学校要选择与不同类型的企业、不同行业的企业进行合作，丰富实践教学环节。同时，采用小组课题研究的教学方式，鼓励学生参与到创新实践课程中去，一方面培养学生团队合作的能力，另一方面提升学生自主参与创新实践课题的积极性。

其次，增加实践能力考察在考试中的比例，会使学生对提升自身实践能力投入更多的精力和时间，将会改变学生过于注重理论知识的考试，而忽视创新实践的重要性的现状，使学生不得不将目光转向创新实践的学习。

再次，是增加实践课课时，让学生有更多的时间，进行认识实践课程，深入体验实践课程，而不仅仅是走马观花。

最后，是加强老师在实践中的指导作用，老师要对学生创新实践课程进行正确有效的引导，让学生真正地感觉到创新实践课程的重要性，让学生主动参与到创新实践课程学习当中，不断提升学生个人的创新实践能力，为以后的成功就业添砖加瓦。

3. 进一步加强学校对应用型创新人才的培养

进一步加强学校对应用型创新人才的培养，首先，要加强同企业的密切联系与合作。其次，是致力于从"分数至上"到"能力至上"的转变，重视对学生创新能力的培养，给学生独立的发展空间。最后是加强学校师资队伍的建设，同步改善学校硬件措施。三个方面相互配合，协调发展，从实处提高学校创新实践应用型人才的培养，具体分析如下：

首先，要加强同企业的密切联系与合作。与不同规模大小、不同行业的企业进行校企对接合作，为企业定向培训人才，采用教学与企业实践相结合的教学模式。学校与企业进行密切联系与合作时，能够方便学校对人才培养方向的把握，准确了解到社会紧缺人才的类型，让学校教学侧重于社会紧缺人才的培养。

其次，是致力于从"分数至上"到"能力至上"的转变，重视对学生创新能力的培养，给学生独立的发展空间，让学生真正具有能力，而不仅仅是学历，重视学生自我管理能力、自我学习能力的培养，避免学生为了分数而忽视个人能力的提升。同时，注重学生创新能力的开发与培养，给学生独立思考与发展的空间，激发创新因子在学生群体中产生。对于学生创新的想法，要给予积极有效的回应，帮助学生将创意实现。

最后是加强学校师资队伍建设，同步改善学校硬件措施。师资队伍的建设，直接关系学校培养学生的水平，师资队伍越强，对于学生的加持教育就会越好。师资队伍的建设，可以积极引进外来优秀教师，也可以进行学校内部教师的培训，使之成为满足要求的优秀老师。同时，加强学校硬件实施的投入，比如建立创新创业基地，为学生创新创业提供创客空间。

4. 其他方面的建议措施

针对工商管理学院本科创新人才培养，还可以从以下几个方面进行改进：首先，专业设置课程要专与精，不能太过于宽泛，删减一些不必要的、过时的课程，增加一些实用的专业课程，课程内容要及时更新，与时俱进。其次，注重个性化培养，针对学生的不同需求，在完成专业基础教育的同时，设置不同的课程板块，如偏考研板块、偏考证板块等。最后，以学生为主导，因材施教。在教学课程设置、教学方法、授课老师要求等方面，问计于学生，以学生为主导进行因材施教。

第四节　工商管理专业优秀创新型人才培养途径和方法

一、以体验教育为核心的培养模式的创新

1. 培养模式的概念界定

对于培养模式的含义,学者有不同看法。综合而言,培养模式是指在教育活动中以一定的教育思想、教育理论和教育方针为指导,为实现培养目标而采取的组织形式及运行机制。对于培养模式的构成,目前没有统一的界定。有的认为,它包括培养目标、培养规格和培养过程;有的则认为,它包括培养观念、培养关系、培养方式及培养途径。

本研究希望从价值链视角对其进行界定,即指学生进入高校后,为满足社会需求、实现价值增值而对其进行专业的教育教学活动以创造价值的运行方式。

2. 工商管理专业培养模式现状分析

工商管理专业培养模式表现为:高校根据每年度招生计划,从生源地招到考生,按教学计划进行教学活动并对学生学习做出评价。经过四年的基础教育和专业教育,学生获得学位和学历后,自主寻找用人单位就业以实现自我价值。

在传统培养模式下,市场人才供给价值链以高校为核心节点,存在诸多弊端。

第一,市场意识淡薄。即专业课程设置缺乏对社会实际需求的科学预测和把握,存在较大的盲目性,造成产出与就业岗位需求不成比例,导致本科毕业生求职就业存在较大的困难;而同时,企业对人才需求存在较大缺口,专业教育与就业市场需要存在一定的差距,供求出现脱节。再者,学生就业后,也无法很快进入角色,需要企业再培训,增加了企业的用人成本。

第二,培养主体错位。在传统培养模式中,大多以专业知识学习为主,以教师和教材为中心,学生一般是被动接受知识,修完教学方案中规定的各门课程,取得相应的学分即可顺利毕业。但以专业知识学习为主的人才培养模式本质上仍是应试教育,重结果而不是重过程,学生在教学中完全是被动的、从属的,不利于学生的创造能力的培养。

因此，对传统培养模式的改革和创新势在必行。

3. 工商管理专业培养模式创新

时代在变，教育的标准也在改变。创新是教育的灵魂。教育需要在创新理论的指导下，不断认识自我、否定自我和超越自我。其创新主要表现于：

（1）目标维度的创新——以市场为导向

随着高等教育的发展和出生率的降低，高校之间的生源竞争日趋激烈，毕业生的市场适应度将成为考生选择学校和选择专业的尺度。为提高社会满意度和考生满意度，培养目标的设置就应如同企业生产一样，应该是"市场需要什么，我就生产什么"，即培养人才应以市场需求状况分析和制订培养计划。

就青海省市场对工商管理专业人才的需求主要来源于省内各类大中小企业、公共管理部门及社会其他方面。因此，可考虑加强与社会和企业用人单位的联系，通过校企合作等方式建立"订单式"培养、实现"产学研"一体化的培养模式。具体思路如下。

第一，高校与用人单位实现信息流的双向流动，两个节点的"无缝连接"。如加强校企合作，在高校了解企业对人才需求的同时，让企业主动参与到人才培养过程中，以降低学生就业后的再培训成本。

第二，鼓励高年级学生与用人单位签订协议，根据用人单位要求，和用人单位共同培养以实现"个性化、定制化培养"，真正实现高校与用人单位的"零距离"，在价值链系统得以优化的同时，实现学生满意、用人单位满意和社会整体效益最大化。如广州宝洁公司，偏好于招聘应届毕业生。该公司每年直接去高校招聘，与大二或大三学生签订定向培养协议，可根据自身需要培养其所需的人才。

（2）制度维度的创新——以学生为主体

高校培养模式的主体是学生。而如今大学生具有较强的独立自主性，更加强调自由、民主和平等。因此，在教育制度建设中，应注意充分发挥学生的主观能动性，强调学生自我选择，突出学生的个性化培养。具体表现于：

首先，由学生在了解本专业的前提下，自主选择是否要读本专业。即加强生源地和高校的信息沟通，使学生可以在信息更充分的情况下做出专业选择，降低因信息不对称而产生的择业风险。

在职场中，一个人的工作绩效主要取决于其态度和能力。而能力影响因素较多，可能受技能影响，可能受知识影响。也有调查显示，当人自身特质和其工作岗位的要求产生很大重叠时，人们就容易成功。因此，高校在招生初始，就应加大与考生的沟通，即让考生了解本专业特点、需要具备的素质和将来发展的方向。而学生可以通过自我剖析，来决定如何进行专业选择。

其次，工商管理内容包罗万象，学生的自主选择还体现在入校后研究方向的选择上。即建立宽基础、分流制——在学生入校后的前两年，更多地以通识教育为主，让学生接触专业课程，激发学生对专业知识的好奇心和兴趣，到高年级时，学生可以根据其自身兴趣和学习状况自主选择以下研修方向，如运营管理、项目管理、战略管理、人力资源管理、财务管理、营销管理等，以更好地实现"因材施教"。

再者，以学生为主还体现在以学生的自主学习为主要学习方式。即建立学业导师制，学生入校后，为每名学生安排相应的指导教师。这些教师既是学生的专业教育导师，也肩负着素质教育的责任。他们可以利用自身的学识、阅历、修养去潜移默化地影响学生、教育学生。

（3）过程维度的创新——以体验为核心

传统教育流程一般表现为：教师以课本为载体，循序渐进地将知识逐步传授给学生，进行评价，肯定应试中的佼佼者。这种方式在过去的几十年可能具有较强的生命力，但在21世纪的今天，它却会产生致命的弱点。因为社会的供求发生了翻天覆地的变化，从需求来看，社会对人才的需求有了更高的要求——创新性人才；从供给来看，新一代的受教育者不同于七八十年代，新一代多为独生子女，且接受了西方文化和现代化信息技术的洗礼，大多追求个性发展和自我创造。因此，在市场化导向的培养目标中，在学生为主体的培养制度下，更需要体现以体验教育为核心的培养过程的创新。具体表现于：

第一，"教"。改变传统的教学方法，尽量使教学过程像娱乐活动一样吸引人，让学生愿意学，让学生学得快乐。再者，为学生提供一个运用知识的空间和环境。如创造一种虚拟的情境，让学生通过体验进入知识运用和思想交流之中。

第二，"学"。学生主动参与教学过程。学习效果不在"教"，而在"学"，在于先"知"而后"行"。因此，在理论教学过程中，将学生的被动学习变为主动掌握。而学生在掌握相应的专业知识后，可以参与实践，将所学的知识融会贯通，灵活运用，以创造性思维与团队探索可行的方法和解决方案，在学习和实践中不断总结经验、实现自我超越。即在体验过程中体会到"学"的乐趣和"用"的成就感。

二、课程建设的创新

课程建设是专业培养目标实现的基本途径。因此，该校工商管理专业课程建设更应在分析青藏高原地区区域经济发展、社会人才需求的特点上，考虑如何进行课程建设的创新。

1. 创新型导向的课程体系的构建

根据上述培养模式，课程设置可考虑采用"3＋X"的方式。"3"包括公共基础课、专业基础课和专业课。

公共基础课包括思政类课程、计算机应用、英语、体育、哲学、伦理学等。

专业基础课包括西方经济学、管理学、会计学基础、金融学、经济法等。

专业课包括物流管理、人力资源管理、企业管理、战略管理、市场营销、运营管理等。

X是指根据学生的个性发展和社会需求，由学生自主选择研究方向，在导师指导下进行相应的实践，为就业做出充分准备。

2. 创新型导向的课程建设的实施

（1）教学内容模块化

"模块化"是指将课程体系建设作为工作核心，对工商管理课程内容进行模块化整合，充分利用多元化的教学资源，最大限度地充实专业课教学内容，发挥课程的功能，真正实现在通识教育基础上的宽口径专业教育。构建以需求为导向的工商管理职能模块，一方面授课教师对传统课程内容进行组合，合并相同知识点，减少教学课时，增加实践课学时，或聘请校内工科专业教师、校外企业管理者讲授行业应用知识。另一方面设置学生自学学时，学生可利用互联网信息了解相关行业知识、信息，通过行业小组讨论、项目学习等方式组织学生探究行业企业管理特征、重大管理事件，实现"翻转课堂"。学生从被动学习转变为主动学习，课堂教学由教师灌输为主转变为教师控制下的互动学习。

在工商管理专业学生的培养过程中，若对每项管理职能的培养都能与行业特性结合，实现"管理职能＋行业特性"，就能把学生培养成熟悉产品供应链、生产、用户管理等方面职能的基层、中层管理人才，缩短毕业生初次就业的岗位适应期。

（2）教学目标区域化

特色专业需要在教材建设上有相应的体现。由于特色专业建设一般具有独特性，可能缺乏现成的、公开出版的、合适的、针对特色培养的教材，可以采取根据特色需要、结合区域实践和经验自编教材的方式来解决。如在实践教学中，可考虑结合当地地区企业发展实际，由模块化后的团队编写案例教材，由学生自发组成团队进行讨论等。

（3）培养方法个性化

在基础教育和专业教育的基础上，增设一些个性化课程，使学生的个性、天赋和兴趣得到发展。即根据本专业人才培养目标，围绕学生的特点，除了基本的经济管理理论知识外，增设一些有助于增强学生综合素质的技能课程，如"企业文化与商业伦理""演讲与口才""创业培训""团队建设""人际沟通""心理学"等，以丰富与完善学生自身知识结构，获得更大的学习自主权，并拓展择业空间。

（4）加强实践环节的设计

"学而不用"是工商管理专业学生学习的一大弊端，作为强应用性专业，在课程建设时，应提高实践环节的课时量，增加内容，完善实践教学体系。

三、师资培养的创新

师资队伍是保障特色专业建设的根本，没有合格的师资队伍就无法建设特色专业。所以，高校须狠抓教师队伍建设，在人才引进上向特色专业倾斜，在人才培养上向特色专业侧重，保持该专业的特色。

1. 师资引进的多元化

我国的高等教育已经由精英教育阶段进入大众化教育阶段，因此，在引进人才时需考虑本专业特色。目前师资的引进往往过于注重学历学位，似乎是硕士一定强于本科生，而博士又一定比硕士好。但工商管理专业是理论和实践结合专业，学位高的教师并不一定能胜任实践类的课程。因此，在引进人才时，除了考虑专业、来源外，还需相应地考虑有实践经验的教师，使师资队伍更趋于合理化。

2. 以"校企合作"为契机，以企业带专业

不断加强校企合作，增加专业教师深入企业机会，了解企业运作。一方面使教师自然而然地学会如何到企业现场获取教学素材的方法，另一方面也使他们有了收集高质量教学实例的场所，减少了理论教师深入实际的许多现实困难。

另外，工商管理专业教师在具备理论基础、了解实践运作的基础上，也可以

尝试自我经营、自我创业。拥有自我经营的公司后，还可以以培养学生为宗旨，把企业的项目引申到教学当中，学生直接跟导师在现实中学会实际管理运作。

2017年3月，我国人力资源和社会保障部公布了《关于支持和鼓励事业单位专业技术人员创新创业的指导意见》，明确了4项支持政策。未来高校、科研院所专业技术人员离岗创新创业，可在3年内保留人事关系，离岗创业期间保留基本待遇。具体来说包括4项基本政策。

第一，挂职或参与合作可得开发收益。意见提出，事业单位选派符合条件的专业技术人员到企业挂职或者参与项目合作，是强化科技同经济对接、创新成果同产业对接、创新项目同现实生产力对接的重要举措。

第二，取得成绩可作为职称评审依据。意见提出，支持和鼓励事业单位专业技术人员到与本单位业务领域相近企业、科研机构、高校、社会组织等兼职，或者利用与本人从事专业相关的创业项目在职创办企业。事业单位专业技术人员在兼职单位的工作业绩或者在职创办企业取得的成绩可以作为其职称评审、岗位竞聘、考核等的重要依据。

第三，创业3年内保留人事关系。对于离岗创新创业的，意见明确，事业单位专业技术人员离岗创新创业，可在3年内保留人事关系。离岗创业期间依法继续在原单位参加社会保险、工资、医疗等待遇，由各地各部门根据国家和地方有关政策结合实际确定，达到国家规定退休条件的，应当及时办理退休手续。

第四，可设创新岗位，实行弹性工作时间。事业单位可根据创新工作需要设置开展科技项目开发、科技成果推广和转化、科研社会服务等工作的岗位（简称"创新岗位"），按规定调整岗位设置方案。通过调整岗位设置难以满足创新工作需求的，可按规定申请设置特设岗位，不受岗位总量和结构比例限制。事业单位根据创新工作实际，可探索在创新岗位实行灵活、弹性的工作时间，便于工作人员合理安排利用时间开展创新工作。事业单位绩效工资分配应当向在创新岗位做出突出成绩的工作人员倾斜。同时，事业单位可以设立流动岗位，吸引有创新实践经验的企业管理人才、科技人才和海外高水平创新人才兼职。事业单位设置流动岗位，可按规定申请调整工资总额，用于发放流动岗位人员工作报酬。

教师开办企业，可以拿到双份收入，提高了教师的积极性；同时，本专业拥有了优秀的教师，可以带动和促进专业建设；再者，为学生实践提供了实习基地。

3. 资源共享、联合培养

教师是一个终身学习的职业。知识在不断更新，社会在不断变化，因此，高校保持可持续发展的关键在于对教师入职后的知识的持续更新。而且，当今时代，各行各业都在讲"名牌"，而高校的"名牌"之一便是富有改革精神和创新意识"大师"级的拔尖人才。所谓"大师"，不仅是学术成就在国内外有一定的影响，而且能在较短的时间内将一个学科、一支队伍带进国内或国际先进水平。然而，"大师"级人才的培养，需要充分利用国内外各种资源。即在国内通过联合培养，在名校名师指导下，不断提升青年骨干教师的研究能力；通过出国留学、会议交流等及时了解本专业发展的前沿状况，使教师队伍整体水平和创新意识不断提高。

四、教学方法的创新

1. 体验教育的界定

（1）体验

体验是指外界事物、情境所引起的自己的内心感受、体味或亲身的经历。从心理学的角度看，体验总是与个体的自我意识紧紧相连的，体验的过程包括四个阶段。

第一，个体亲历的阶段，即个体亲身经历某一件事或者某一个情境的阶段。这是体验的第一过程。

第二，个体对上述亲历过程进行抽象、概括，形成概念或观念的阶段。

第三，个体在新情境中检验所形成的观念的适应性阶段。正因为经验具有个体性、主观性，因此，只有在新情境中加以检验才能克服经验中的不足之处，或者巩固经验中的合理之处，同时，新的情境又会促进经验思维的灵活性。

第四，再反思，产生新经验的阶段，并不断循环、不断体验，直至达到目标。

（2）体验教育

体验教育是在实践活动中，促使学生不断产生新经验、新认识，并由此提升学生适应自然与社会的能力、形成积极的人生态度、促进个性成长的一种教育方式。

2. 体验教育在工商管理专业中的实践

（1）课堂体验教育的设计

①案例教学法。即运用典型案例，将学生带入特定事件的现场进行分析。

在课前，将案例发给学生，要求学生认真阅读案例，并上网查询、参阅，对案例中提出的问题进行分析，提出对策，或者自行发现案例中隐藏的问题并找出解决办法。通过学生自主阅读、研究、分析得出自己关于案例问题的见解后，就可进入小组讨论阶段。

讨论中，小组中每个成员都能阐述自己对问题的分析以及对案例的看法，供大家讨论、批评、补充，在相互讨论交流中掌握知识、理解概念、学习技能、解决问题，达到相互启发、提高的目的。

接着，进入课堂讨论。一方面由学生各组阐述交流，学生各组之间提出观点，反驳或辩解，另一方面由教师和学生进行互动交流。教师提出学生未能充分注意或重视的问题，引导学生概括总结案例中所反映的原理、规则等知识。全面提高学生的分析、概括、表达能力。

最后进行总结。一方面由教师对课堂讨论的总体情况进行总结，另一方面要求学生写出书面的案例分析报告，对自己在案例阅读、分析、讨论中取得的收获、解决的问题以及还有哪些问题尚待诠释等进行反思、总结，通过反思进一步加深对案例的认识，案例分析报告可以安排学生独立完成，也可以由学生小组完成。

②情境模拟法。情境模拟教学法，是指通过学生对事件或事物发展的环境、过程的模拟或虚拟再现，让学生在情境中去发现问题和解决问题，从而理解教学内容，在短时间内提高能力的一种认知方法。

首先，设计模拟教学方案。相当于教师创设一个剧本，构造一种在课堂上让学生模拟出来的场景。其次，由教师公布模拟课题以及背景资料，并对参与的学生分配模拟角色和演练任务，给学生一定的时间做准备，并同时告诉其他同学应带着发现问题的眼光观看情境模拟的全过程，并尝试解决所发现的问题。最后，由教师安排学生对情景模拟的应用、所反映的问题、折射的原理进行分析，并由教师进行总结，引出书本上的知识点。

③角色扮演。在角色扮演法中，要求教师设计一个最接近现实状况的管理场景，指定参加者扮演某种特定管理角色，借助角色的演练理解角色内容，提高主动地面对现实和解决问题的能力。

④行为模仿法。即向学生展示需要学生学习的行为，让学生模仿这些行为，并且互相交流体会。比如将面试、面谈、绩效考核、企业例会、销售服务现场、管理人员处理日常工作的情景录制成录像，提供给学生观摩讨论，让学生通过模

仿从中学习实际做法和经验或者发现问题的方法。

行为模仿的方法可以提高学生的人际技能和管理技能，因此，可广泛应用于工商管理类专业课程如《管理学》《人力资源管理》《市场营销》《公共关系》等课程的教学中。

⑤项目设计教学法。项目设计教学法是一种让学生综合运用所学知识和方法，亲自动手，完成某一实际或模拟的项目设计，并撰写设计报告的实践教学形式。可以安排学生根据有关方针、政策、法律、法规和企业管理的实际需要设计企业人力资源管理制度、内部控制制度、市场营销方案、财务管理制度等。这种形式的实践教学项目可以一人独立完成，也可以由教师对学生进行分组，由项目小组完成。如有可能，可以与具体企业结合，结合企业的需要进行项目设计。如在校内完成，教师一般只提出目标和要求，没有固定的模式和答案；如与企业结合，应考虑企业的实际要求对学生的项目设计工作提出的具体要求。

（2）课堂外的体验教育设计

①企业参观实习。开阔学生视野，了解企业实践，带领学生去著名企业参观，让学生直观感受企业管理的现场氛围，与企业工作人员的交流让学生更清楚地了解自己专业学习的内容。另外，参观的时间可以安排在学生没有课时或者休息日，可组织学生深入企业，了解企业的运作方式，直观感受企业生产现场管理状况，感受企业实际工作的氛围，将感性认识上升为理论分析，培养学生的观察、判断和分析能力。

②综合案例分析、企业调研以及社会调查实训。通过综合案例分析，学生能综合、全面、灵活地运用生产管理、市场营销、财务会计、人力资源管理、战略管理等相关知识对案例中提出的问题进行综合分析或发现案例中尚未提出的问题并找出解决方案，学生能将所学的专业知识模拟运用到案例分析中去，达到训练并提高分析、判断和综合运用知识能力的目的，培养团队合作的精神，为进一步学习专业知识打下基础。

通过企业调研，学生可对企业的全方位管理有基础认识和了解，熟悉企业管理的环境和各项管理工作的基本内容，增强对企业的感性认识，提高学生运用专业知识解决问题的能力，在一定程度上提高专业知识水平。

要做好社会调查，学生必须思考制订计划、安排调查进度、安排不同成员的角色分工、进行调查结论的分析以及最终达到调查目标等一系列问题，且可以提高自己的参与意识，创新精神和专业知识的运用能力。

③综合模拟实验训练。培养企业经营管理人才的工商管理专业的综合模拟实验训练是在模拟与虚拟相结合的市场中，由学生经营模拟企业，并进行阶段性评价。

在实验训练中，学生综合运用经济学、管理学、企业战略管理、市场营销、生产运营、公司理财、会计学、行政管理、税收实务、经济法规、公共关系、广告实务等各门学科的知识并进行有效整合，对模拟企业从筹融资到资金分配、从工商注册到照章纳税、从企业战略到生产运营的全过程进行实训，强化学生市场经济意识，培养企业经营所需的各种能力。

（3）体验教育的综合设计

①毕业实习。学校通过各种渠道与企业建立直接联系，让企业以招聘员工的方式，通过笔试与面试将实习生招入企业。在实习期间，实习生与企业之间的关系是企业与员工的关系。学校指导教师根据实习大纲和计划进行指导，企业也通过指定相应的指导人员对实习生进行指导和考核，这种方式实际是将学生的实习时间与企业员工的试用期相结合。在实习期间，企业通过考核可以从实习生中选择其认为满意的实习生，实习生亦可通过实习对实习单位和实际工作有较深入的认识，从而决定是否留在实习单位继续工作。企业与实习生之间通过实习可以对对方形成理性的认识，既能有效解决实习生实习的具体问题，又能节约时间，解决企业与毕业生之间难以有效沟通、毕业生就业难、企业又难以找到满意的员工这一实际问题，从而解决用人单位与毕业生市场之间的信息沟通不畅所造成的两类市场之间转移困难的问题。

另外，学校可继续实施其毕业论文管理制度，即要求学生的毕业设计必须结合地区实际，使学生选题尽可能直接来自其实习单位，甚至是实习单位急需解决的问题，以加强学生的自律性及提升其理论结合实践的综合分析能力。

②毕业设计。工商管理专业的综合实践最终应体现在其毕业论文的设计上。毕业论文是教学的最后一个环节，其目的在于总结专业学习成果，培养学生综合运用所学知识解决实际问题的能力，其本身也是一个再学习及提高综合素质的过程。学生从选题、确定开题报告及最终论文形成、答辩等过程需主动思考，以结合地区实践为主，分析地区发展实际，在不断的写作过程中，学生对专业知识将会有更深入的理解。

（4）体验教育与实践教学的比较。体验教育和实践教学都属于教学方法范畴，出发点相同，都强调以实践为基点，以学生为主体，让学生在实践中有所收获和提高，强调一种互动。

但体验教育与实践教育又存在不同，具体表现于以下方面。第一，所在领域不同。体验教育更多地强调心理学方法的应用；而实践教学则侧重于教学管理手段的多样化。第二，因目标不同而使二者产生的教学效果有所差异。体验教育为关注体验的主体性发展，每一位学生都是一个主体，强调个性化培养；而实践教学则强调通过加大实践教学的力度，使学生能够做到理论与实践结合。在实践教学模式中，很难保证每一个个体都能主动参与到教学中来，也很难做到能针对每一个体进行个性化培养，使其有所体验、有所提高。

3.学业导师制度的全面推进

根据青海民族大学《关于印发〈青海民族大学本专科生学业导师制实施意见（试行）〉的通知》，该校从2017年秋季学期开始，实施本专科生学业导师制度。

根据该文件，该校学业导师要从五个方面对本科生进行指导，包括专业思想教育、学业及选课指导、专业基本书目阅读及设计训练指导、创新实践与科研指导、学业预警帮扶。其中创新实践与科研指导中要求学业导师积极鼓励、指导学生参与创新实践、学术活动、学科竞赛、社会实践，引导学生参与科研项目，支持学生早进课题、早进实验室、早进团队，不断培养学生的创新精神和实践动手能力，人际交往与团队合作能力。

实施以学业为本位、以学术和创新为导向的学业导师制，给学生提供良好的制度环境和个性化的培养方案。要通过引导他们博览群书并适度参与学术探究，围绕专业领域内一些具体的学术问题，积极进行自主性学习，开展体验式、探索性的学术研究，激发其学术热情，提高其学习能力，强化其创新意识，培养出笃志向学、全面发展的本科学术创新人才。

五、学生评价的创新

1.传统的评价模式存在的弊端

（1）评价功能单一。过分强调评价的甄别与选拔功能，忽视了评价的改进与激励功能。常常是通过学习成绩判断学生的优劣。

（2）评价指标单一。过分看重学生的考试成绩，忽视对学生学习过程的考查，忽视学生的全面发展，忽视学生的个体差异，特别是对学生的学习能力、学习态度、学习习惯、创新精神更是缺乏重视。

（3）评价方法单一。评价大多以笔试形式进行，以量化的分数来表现，注重横向比较等级、名次，不利于激发和调动学生的学习积极性。

（4）评价主体单一。在学生学习评价中，存在着管理主义倾向，即评价大权都由管理者即教师独揽，学生只是被动接受的评价客体，只能接受来自管理者——教师的评价和指导。评价流于形式，教师和学生缺乏沟通，学生易对评价活动和结果产生对立、反感、抵触情绪。

2.学生学习评价方式的创新

（1）评价功能的定位——以激励促改进

对学生学习进行评价的目的在于启发、引导、激励和鞭策学生，而不是区分优劣。因此，评价在于从学生学习过程中，诊断学生成长中存在的问题，找出原因后给予正确的指导，促进学生改进，促进学生发展，真正体现教育是为了学生发展的目的。

（2）评价指标的创新——评价内容多元化

多元智能理论认为，每个人都至少具有七项智能：语言智能、数理逻辑智能、音乐智能、空间智能、身体运动智能、人际交往智能和自我认识智能。不同的人可能擅长不同的智能表现形式。学生之间不存在智能水平高低的问题，只存在智能类型差异的问题。教师应该通过多种渠道、多种方式，对学生进行全面评价，使每个学生都能通过适合其智能特点的途径，展现自己的才华，发挥自己的潜能。

传统的学生评价主要局限于学生的语言智能和数理逻辑智能方面，这是有失偏颇的。有些学生有各种各样的专长和爱好，但很少或根本就没有充分展示自己特长、体验成功的机会。再加上公众舆论的错误偏见，造成学生可能缺乏自信。

因此，教师必须充分理解学生的情感态度体验，选用恰当、适度的评价标准及有效策略，对学生的自我效能感进行外部强化，在教学中让学生充分参与教学过程，提供表达才能的机会，使每个人都能体验成功。

如管理学课堂中，可通过情境模拟、团队协作的方式完成项目，让语言智能型学生阐述观点；让空间智能型学生设计课件的表现形式；让计算机能力较强的学生制作课件；让交际型学生负责了解竞争对手信息等，并根据不同类型学生的表现给予适时的评价，引导学生以适应自身智能类型的方式来学习，形成具有特色的思考和解决问题的能力。

（3）评价方法的创新

第一，以教育的"增值"评价学生。

重视学习过程分析，提倡纵向比较，使每一个学生都能体验成功。多次的成功体验有助于激活学生内部学习动机机制，提高自我效能感。

以外语成绩评价为例。如学生大二第一期四级58分，未拿到合格证，但相比入校时成绩提高相当大，通过过去一年的英语学习，词汇量增加，书面表达水平也有了较大提高，而且知道自己英语不足正在努力改进，评价等级就可以是A级。通过这次考试，他会明白自己的努力没有白费、有付出就有收获，自信心倍增。显然，"增值"的评价可以充分体现评价的促进和激励功能，保证全体学生都能在原有的基础上得到不同程度的提高与发展。

但是，如果使用这种方式进行评价，需要制订比较完善的评价体系和评价方法。如果使用不妥，反而会造成教师个人主观因素参与较多，使学生感到有失公平。

第二，绿色评价。

对学生学习进行评价的目的在于促进学生的发展，因此，在评价方法上，应当采用"绿色"方式。即从爱出发，让学生感受到被爱，营造一个和谐的时空环境，通过正确分析、处理、转化各类矛盾和问题，实现个体的成长、进步。而不是以粗暴的方法刺激学生，引发学生的抵触情绪。

（4）评价主体的多元化——360度评价法

对学生进行评价的不只是教师，还有学生自己及学生的家长。因此，把学生作为评价的主体，加强自评与互评，使评价成为教师、学生、家长等共同参与的交互活动。多元化的教育评价理念要求学生从被动接受评价转向主动参与评价，这不仅体现了教育以人为本的先进理念，而且使评价信息的来源更为丰富，评价结果更加全面、真实，加强了评价者和被评价者之间的互动，既提高了被评价者的主体地位，将评价变成了主动参与、自我反思、自我教育、自我发展的过程，同时也在相互的沟通与协商中，增进了双方的了解和理解，易于形成积极、友好、平等和民主的评价关系，这将有助于评价者在评价过程中有效地对被评价者的发展过程进行监控和指导，帮助被评价者接纳和认同评价结果，促进其不断改进，获得发展。

第四章　应用型人才培养模式概述

第一节　工商管理专业课程设置体系

一、课程结构

通过对国内外工商管理专业课程设置的研究分析，笔者认为工商管理专业在培养学生时，课程安排通常由4个部分组成：普通公共课、学科公共课、专业方向课和任意选修课。可以说，这种模式支撑起工商管理人才能力的主要架构，即"2+3+4"模式。

（1）普通公共课

外语、写作、数学、计算机、体育和思想政治，都是普通公共课的重要组成部分。这些课程，对于学生来说是十分基础的技能课程，专业性并不强，因此适用专业比较广泛。

我国高校主要学习的外语是英语。在过去，高校培养目标是让学生能够顺利进行英文阅读和翻译，而在国际化程度越来越高的当前，越来越多的大学生毕业后需要掌握全面的听说读写的能力，才能去海外工作或学习。因此，英语口语和听力也成为高校英语教学的重要组成部分。学生在学习后，应该能做到"听说自如"。学生对于英文写作能力的要求也越来越高，因为海外工作需要英文邮件、短文、报告的正确书写。

过去很多大学不开写作课，学生在写论文、报告等时，写作水平较差，因而现在很多大学都开展了写作课。对于国内的大学来说，大部分开设的是中文写作课，而不是单纯的大学语文，一方面，是为了培养学生的文学创作能力；另一方面，也是为了培养学生的公文写作能力，方便学生毕业进入企业后的实际应用。中文写作课，绝大多数是为了提高学生的逻辑思维能力，能让他们在文章中清晰明了地论证自己的观点,而不是单纯增加文字的优美性。因此,课上主要教授学生如何写作论文、报告、总结等,阅读对象涵盖社会多个层面。

思想政治理论课也是高校普通公共课的重要组成部分。2019 年 8 月 14 日,中共中央办公厅、国务院办公厅印发的《关于深化新时代学校思想政治理论课改革创新的若干意见》中指出,"坚持党对思政课建设的全面领导,把加强和改进思政课建设摆在突出位置""坚持思政课建设与党的创新理论武装同步推进,全面推动习近平新时代中国特色社会主义思想进教材进课堂进学生头脑,把社会主义核心价值观贯穿国民教育全过程",另外还要求"本科阶段开设'马克思主义基本原理概论''毛泽东思想和中国特色社会主义理论体系概论''中国近现代史纲要''思想道德修养与法律基础''形势与政策'",这类课程也是通识类课程。

当前社会对人才的需求是多方面的,综合素质高的人才更受用人单位欢迎,工商管理专业教育也应当重视通识课程,培养高素质复合型人才,以适应当前经济发展对工商管理人才的需求。因此,高校应当合理开设普通公共课。

(2)学科公共课

学科公共课是工商管理教学的主要内容,只有通过学科公共课的学习,学生才能获得基本的工商管理能力,了解现实商业环境。严格的工商管理学基本训练,是工商管理教学中必不可少的重要一环。在工商管理国际认证中,学科公共课也是必备项,因为它是培养合格人才的核心。因此,很多高校为了通过国际认证,开设了足够的工商管理学科公共课,如管理学、宏观经济学、微观经济学、财务管理、会计学、统计学、市场营销学、运营管理、管理信息系统、人力资源管理、企业战略管理等。

(3)专业方向课

专业方向课是工商管理专业特点和要求的具体体现,但国内高校在工商管理专业课程设置时,专业必修课的数量过多,专业选修课的数量较少。除此之外,很多学生在报考专业时,就已经确定了专业方向,入校后很少有转专业的机会。因此,很多学生对于所学专业并没有太大的学习兴趣。通过借鉴国际一流商科高校的教学经验,很多高校在进行工商管理学大类招生时,选择设置更多的专业选修课,让学生学习更有热情。学生可以在完成必修课程之余,通过专业选修课扩大自己的知识面,获取更多的理论与实践知识,以实现自己的理想。

（4）任意选修课

高校在设置任意选修课的时候，通常考虑的是社会的需求度和学生的兴趣度，一般为全校范围内开设的任意课程。学生在学习完专业要求的工商管理专业基础课程后，可以根据市场对人才的需求和自身兴趣选择适合自己的选修课，让自己的综合能力得到提升。任意选修课作为通识课程的重要组成部分，和普通公共课具有一样的技能性。

但在实践中，通识课程的设置往往产生了两个极端——或过于娱乐，或过于专业。部分高校认为通识课程只是为了扩大学生的眼界，所以增加了课程的娱乐性，但对学生综合素质的提高并没有太大帮助，因此，学生会轻视通识课。有的高校将通识课程作为专业课程的补充，没有对"通识"二字有正确的认识。对于这两种情况，应该及时予以纠正。首先，通识课（如音乐赏析）不应该只停留在娱乐层面；其次，通识课（如某些导论课）不应该是专业课的补充。有些高校为理工科专业学生开设法律通识课，这很明显就过于专业了。

那么，通识教育究竟应该开设哪些课程呢？这就要追溯到它原本的教育目标上了。当前，高等教育的目标是培养综合素质强、能适应社会需求的合格人才，这就需要将通识课程的核心限定在如何让人才脱颖而出上。通识教育是一种基础教育，地基的深度决定了楼房的高度。因此，对于学生来说，它起作用的时期远不止在校期间，更涉及学生毕业后甚至一生的成就。通识教育的重要性可想而知。因此，通识课程必须以培养学生形成正确的世界观、人生观、价值观，培养学生正确的思维方式为目的。通识课程并不是"即刻生效"的实用课程，它更注重的是学习的深度和系统性。

热点话题是通识课程的一个主要选择。因为通识课程涵盖的内容必须足够丰富，涉及的领域要足够广泛，而且不能以讲座的形式进行，因为讲座通常是不系统的，不能满足教学需要。在高等教育中，可以在高年级开设以热点话题为内容的研讨选修课。例如，国外高校的通识课就坚持了基础性和覆盖面两个重要原则。

二、课程趋势

工商管理专业经过几十年的发展，其课程体系也发生了多种演变。当前来说，总共有3种趋势：一是加入了软技能开发课程；二是加入了社会责任；三是集合了多种学科。

（1）软技能开发

软技能指的是除了专业知识以外的技能，这些技能是不能直接通过书本来获得的，而是需要理论与实践的结合。软技能培养涉及的课程主要有商务谈判、领导课程，通过这些课程，学生可以提升谈判能力、领导能力、人际沟通能力、创新创业能力、企业管理能力等。软技能开发课程在人才培养中也占据了重要地位，对于高校教师来说，此课程在教授中更加困难，很具有挑战性。比如，在商业谈判课程中，教师需要与学生进行一对一实战训练，模拟出商务谈判的真实状态，才能帮助学生迅速提高。再如，在教授领导力课程时，除了要准备相应的PPT和文字资料外，还需要组织好学习小组，让学生通过角色扮演来体验真正的领导需要哪些能力，让学生知道如何与上下级、如何与同事进行交流，提高自身的工作能力。对于用人单位来说，公司规模越大，内部结构和外部环境就越复杂，因而更加需要综合能力强、综合素质高的人才。特别是在当前世界经济不景气的情况下，用人单位对于人才的领导和沟通能力、危机应变能力等要求更高，因而培养具有软技能的人才对于工商管理专业学生来说尤为重要。

（2）社会责任

"穷则独善其身，达则兼济天下。"越来越多的大企业将社会责任放在了项目决策的核心位置。以招商银行为例，招商银行持续将企业社会责任（CSR）管理体系传导至各个部门与分支机构；将社会责任理念和对利益相关方的承诺转化为具体行动。招商银行在公益慈善、绿色金融、绿色运营、创新金融科技、保障客户权益、服务实体经济、发展普惠金融等方面履行了众多社会责任，获得了良好的效果。

①决策层。由董事会成员参与社会责任事项的审议与决策，包括相关战略与方针的初定，对年度CSR报告进行专项审议。

②组织层。在总行办公室设立CSR管理团队，负责协调CSR日常管理工作，包括开展CSR活动、编制CSR报告、组织开展培训宣传、绩效指标收集、优秀CSR实践案例征集等。

③实施层。总行及各分支机构的职能部门与业务部门负责各项CSR议题的管理，定期报送相关管理举措、绩效指标及优秀案例，并在所在地区组织开展各类CSR活动。

一般来说，企业在履行社会责任时，通常会经历3个阶段。第一个阶段是初级阶段。在此阶段，企业履行社会责任时通常以慈善捐款、公益活动的方式进行。第二阶段是结合阶段。在这一阶段，企业会将自身业务与社会需求联系起来，将履行社会责任作为企业发展战略的一部分。第三个阶段是社会化阶段。在这一阶段，企业会通过履行社会责任，系统性地催化社会创新，让更多人加入其中。企业可以通过履行社会责任、通过分工合作来帮助企业解决自身问题和社会问题。在这一过程中，社会创新也会受到推动。当前，很多企业已经通过建立自己的社会责任平台来联合更多的工商企业共同为社会服务。

（3）多学科集合。

为了使工商管理专业的学生能够解决更多的综合性问题，工商管理学课程体系越来越向多学科集合演进，学生可以在学习通识课程的基础上，更专业地理解什么是工商管理。在进行国际企业课程学习的时候，教师可以通过让学生观看相关视频，了解其他国家在文化上与中国有什么不同，其他国家是否对全球化持欢迎态度。教师还可以通过角色扮演，让学生更多地考虑：如果你作为一个企业的管理人员，如何推进全球化？在这种专业课中，添加文化和管理的内容，可以让学生更综合、更系统地分析和解决问题。

三、国内高校工商管理专业课程设置的现状

为了适应越来越复杂的经济环境，越来越多的高校开始加快工商管理学教学的改革。高校认识到，只有培养出适合市场需求的人才，培养出具有领导能力、沟通能力和创新能力的学生，才可能让本校工商管理专业发展得更好。而当前企业需要的是具有综合管理能力，能够计划、组织、协调、控制企业事务的高级管理人才，这也给高校工商管理专业的发展带来了一定压力。下面列举了国内外3所高校的实践经验，作为高校工商管理专业发展的参考。

（1）西交利物浦大学西浦国际商学院

西交利物浦大学为了能融合东西方的优秀商科教育，在2013年成立了西浦国际商学院。当前，西浦国际商学院已经获得了国际高等商学院协会AACSB认证。这是一个巨大的成就，说明西浦国际商学院已经成为世界一流的商学院。它是全球范围内合作办学的一个成功典范，它的办学经验十分值得国内高校学习。

西浦国际商学院中的工商管理专业课程涉及人力资源管理、金融学、会计学、营销管理、运营管理等，这些知识是非常全面的，能够帮助培养学生全面的商业

管理技能。同时，西浦国际商学院还提供了丰富的必修课程和选修课程。可以说，它的人才培养目标和课程体系都非常明确而有效。

在课程安排上，西浦国际商学院学生在入学初期，主要课程为基础课、语言课等基本技能。同时，学院还将学生分为不同的学习集群，学生可以根据自身情况选择适合自己的选修课。

西浦国际商学院在课程设置上非常广泛且全面，抓住了工商管理专业的核心内容，并设置了相应的必修课和选修课。国内高校也可以学习借鉴这一体系，以培养出综合实力强的优秀人才。

（2）上海财经大学商学院

上海财经大学（以下简称"上财"）经过多年研究分析，从2011年开始进行教学改革，开始借鉴国际一流商学院的运作模式和人才培养模式，在自身实力的基础上，实施新的本科生培养方案。在此培养方案中，上财通过分析国内人才需求情况，结合国外优秀高校的培养模式，在基本教学计划机构不做大变动的情况下，进一步发挥上财自身办学特色，加强了数理方面的知识培养。涉及的主要课程有计算机编程、经济管理、领导力提升、数学和统计分析方法、商业沟通等。通过对工商管理知识的系统学习，学生可以获得更专业的培训和练习，进而成为优秀的工商管理人才。

对于工商管理专业来说，上财认为应当培养在数理能力方面有突出成就的学生，因此，其在公共课中将高等数学的学分调高了，并且为其开设了单独的习题课，让学生可以通过更多的联系来进行知识的巩固。这种方式很受学生欢迎，它让学生通过学习高等数学或数学分析，获得了更高的数理素质。

另外，上财为更好地区分经济学院和商学院的共同基础学科，开发了现代经济学学科基础课和商学学科基础课的不同平台。对于工商管理专业来说，需要学习数学知识（线性代数、数理统计）、经济理论（中级微观经济学、中级宏观经济学、政治经济学）、管理类知识（运营管理、信息管理）、金融理论（投资学、公司金融）等多个课程。通过这些课程，学生可以打下坚实的经济学理论基础，更好地运用学到的知识。

对于选修课，上财也十分重视。上财在原有商科平台课的基础上，精简了选修的专业课，同时增加了相应的学分。上财设计了26学分的选修课，其中专业选修课9分，其余为任意选修课。上财还开设了"商务沟通与领导力开发"这一选修课，目的是更好地提升学生的交流沟通能力和书面写作能力。这一做法是很多国外优秀商学院通过实践验证过的，收到了良好的效果。

（3）天津财经大学

1980年，天津财经大学成立了它最早的几个专业，其中就有企业管理专业，该专业属于企业管理系。这一专业十分受国家重视，在1983年就被确定为硕士点，在1997年成为可招收工商管理硕士的院校（全国共56所）之一。到了1999年，企业管理专业才更名为工商管理专业，在4年后被国家确定为博士点，2005年被国家确定为一级博士授权点，并成为博士后流动站。至此，天津财经大学工商管理专业形成了"本—硕—博"多层次的专业人才培养体系，成为国家培养工电管理人才的重要支柱。

2016年，天津财经大学在总体教学改革方案的指导下，针对工商管理人才的培养模式进行了调整，其中主要在课程设置方面进行了比较大的调整。天津财经大学在工商管理专业的必修课和选修课两类课程中，设计了先进的课程体系，包括三大类：通识教育、专业课和实践与创新教育。

天津财经大学这一创新的人才培养方式，全面提高了人才培养的质量，突出了对学生实践和创新能力的训练，是一次高质量的对于人才培养方案的修订。

此次人才培养方案的改革，体现了天津财经大学对于专业特色的深刻认知，它选择结合专业知识、能力、素质，以课程群为基础的课程。学生通过学习，能够全面提升其综合素质，在未来，既能承担运营工作，又能承担营销工作。

通过学习天津财经大学工商管理专业全新的课程，学生所获得的知识、能力、素质都能在毕业后与工作直接关联起来，其中主要涉及的是工商管理学科专业知识、经济学知识、管理方法和分析工具、运营管理知识等。天津财经大学分别开设了管理学原理、运营管理、战略管理、人力资源管理、组织行为学、创新管理、公司治理、财务管理、市场营销、会计学等，还开设了微观经济学、宏观经济学、金融博弈论等经济学课程，以及线性代数、概率论与数理统计、微积分、运筹学等分析工具的课程。通过这些专业知识的学习，学生可以综合应用所学知识解决在企业中出现的各种问题，能够及时分析和开发行业和市场的信息，具有企业内部管理业务操作能力；同时，能够运用定量和定性分析方法进行决策。天津财经大学还开设了论文写作相关课程，这些课程对于学生在学习和工作中撰写论文、研究报告、调研报告等也具有非常大的帮助。

天津财经大学在保留原有学年论文、毕业实习、毕业论文的基础上，规范了现有的实践和创新教育课程体系，增设了关于专业学术训练的课程。通过学校人才培养方案的调整，学生也学习了有关学术研讨、探究与创新、专业素养提升的课程。在经过这些课程的学习之后，工商管理专业学生的实践能力、创新能力和终身学习能力都获得了进一步提升。天津财经大学还增设了对于经典著作阅读、经典案例分析的课程，同时还不断研究科学前沿和管理热点，以课程群为载体，培养具有本校特色的专业人才，使得学生的理论素养和实践能力进一步提升。

四、教材体系

（1）专业基础教材体系

专业基础课程是为专业学习服务的。作为课程知识的主要载体，专业基础教材不仅要"厚基础"，更要注意与专业教材相对接。这就要求基础课教师去了解、学习一些相关专业知识，同专业课教师探讨其对基础课的知识体系、教学内容的建议，从而在基础课知识体系构建、教学课时数的划分、教学内容的整合与衔接，以及教学方法的选择等方面可以避免盲目性，基础教材的对接功能才能充分实现。

应用导向是专业基础课程教材的另一个要点。在教材内容上具体体现在3个方面：①基本思想和方法的应用。重点培养学生运用基本思想和方法分析、解决中小企业管理中实际问题的意识和能力。

②学科前沿知识在行业、技术基础方面的最新应用，以期保证时效性。

③深度、难度恰到好处，不深究知识细节，更重视普及性、基础性和发展性，以帮助学生初步形成对相关基础课程学科的整体认识，重视学习能力的培养。

（2）实验课程教材体系

实验实训课程强调对真实职业应用情境的仿真或写实，强调职业规范与工作过程性知识、经验性知识的真实再现，帮助学生建立对真实职业环境的了解与把握，保证应用型人才培养目标得以实现。就工商管理专业而言，实验实训教材是一系列基础课教材的综合应用，其内容主要是与专业相关的综合性应用与设计性应用的实训，目的是根据专业技能与知识结构的要求，有针对性地整合专业系列技能对学生进行培养。典型案例的综合应用，把学生模拟放在企业管理人员位置，让学生身临其境，达到实际应用操作的目的，使学生在步入社会之前就能从事社会上的一些实际工作，便于学生从"认识、实践、再认识、再实践"的过程中对理论知识进行系统理解。实验实训教材应克服传统的、单一的、抽象的教育模式的不足，使专业理论教育更加具体化，将学生学到的理论知识综合应用到一个实训系统中，提高其知识的综合应用能力和实际动手能力，因而更具有实用价值。

（3）专业课教材体系

具备专业知识和专业能力，是应用型人才的必备条件。专业课教材体系就是要帮助学生获得专业的知识、专业的能力，培养其专业的综合素质。

体系是否合适，是应用型人才培养中的一个重要考量。应用型人才培养能不能达到目标，取决于专业课教学是否有效。在这之中，教材又是至关重要的。因此，应用型人才培养需要选用专业理论与专业实践相结合的教材，应始终以提高学生专业素质为根本，培养学生解决专业领域实际问题的能力。因此，无论在教学中是否结合新科技手段（PPT、微课、慕课等），都应该着重解决实际问题，将理论与实践融合在一起，进而展开内容。

同时，在教材中，学科和产业中的前沿研究和应用技术都应当体现出来，能够让学生学以致用。同时，通过对专业案例的引进，不仅可以丰富课程内容，也可以帮助学生理解专业知识与实践的融合，形成针对性强的教学。当前我国市场中产业群发展较快，针对这一现象，学生可以学会如何把专业知识和能力运用在现实情境中，在毕业之后能迅速与用人单位的实际工作进行对接，适应用人单位对员工的需求。

第二节　工商管理人才专业能力要求

一、工商管理专业核心能力探析

在专业学习时，很多学生都不了解工商管理人员应具备的职业能力。因此，需要对工商管理专业的核心能力进行分析。总体来说，工商管理人员所具备的职业能力包含以下8个方面：

（1）马克思主义和中国特色社会主义科学理论知识，包括：掌握马克思主义科学理论基础知识，掌握中国特色社会主义科学理论基础知识和基本原理。

（2）学科基础知识、基本理论及专业领域知识，包括4个方面：第一，工商管理学科专业知识和理论；第二，应用经济学专业知识和理论——微观经济学、宏观经济学、金融学等；第三，企业运营知识和理论——营销、财务、会计、运营等；第四，工商管理的管理方法和分析工具——运筹、统计等。

（3）知识应用能力，包括：具有综合应用管理学知识解决工商企业运营管理现实问题的能力，具有定量/定性分析管理决策问题的能力，具有企业内部管理业务工作的能力，具有行业、市场分析与开发的能力，具备综合运用专业知识和分析方法撰写学术论文、研究报告、案例分析或调研报告等的能力。

（4）学习能力，包括：掌握有效获取、加工、利用信息的方法，具有追踪本学科的理论前沿和发展动态的能力，掌握恰当的可拓展的学习方法与技巧，具备自主学习和自我提升的能力，掌握文献检索、资料查询的技巧与方法，熟练使用统计调研基本方法和软件的能力。

（5）思维能力，包括：具有战略视野和问题意识及多角度辩证提出见解的能力，具有逻辑推理、独立思考判断能力，具有创新思维及思维拓展能力。

（6）沟通与合作能力，包括：具有运用母语及至少一门外语进行阅读、会话、写作的语言能力，具有团队交流协作能力及策划、组织、协调能力。

（7）职业道德与社会责任感，包括：具有规则与法治意识，诚信自律；具有正确的伦理道德价值观，能够辨别道德问题并做出正确的回应；具有国家意识和文化自信；尊重世界多元文化，具有全球意识。

（8）健全人格和健康体魄，包括：具有积极健康的心理品质和调节管理情绪的能力；具有健康生活，提升自身运动方法和技能的能力。

以上这8个方面的能力直接影响了企业管理水平，影响企业的长远发展。通过这些能力的学习，学生可以在毕业进入工商管理企业之后，更好地适应工作岗位，为企业创造价值。

二、具体的职业核心能力

对工商管理专业的学生来说，哪些才是他们必备的职业核心能力呢？《国家中长期教育改革和发展规划纲要（2010—2020年）》指出，高等教育要优化结构、办出特色。结合目前的文献资料、企业岗位需求及各个兄弟院校的办学经验及办学特色分析，具体到工商管理专业的学生，其应具备的核心职业能力主要体现在以下几个方面。

（1）具备较强的管理职业能力

工商专业核心课程《现代质量管理》一再强调，企业管理的本质在于尽早发现"不良"或"不善"，运用管理知识及方法分析并改善这些"不良"与"不善"，提高管理水平和管理效率。企业的整个生产过程大概可以分为研发、生产、采购、营销及人事管理等职能环节，作为工商专业的学生必须熟悉企业这些职能环节的组织协调、计划控制和辅助决策等方面的管理能力。

（2）具备复合型的知识结构

企业的创立与运作不仅需要专业的管理能力，还需要其他知识能力的配合，例如，把握国内及国际市场机会的能力、洞察国内外市场变化的能力、融资的能力、文案策划的能力等。

（3）具有一定的创新能力和可持续发展的能力

企业所面临的经营环境和国内国际政策风云变幻。企业为了生存与发展，须不断调整自己的经营战略与产品结构，以在激烈的市场竞争中求得立足与生存的空间。在这个调整的过程中，需要企业的员工及时跟上企业的调整节奏，适应调整后新的岗位的任职条件与要求。甚至要求员工在特殊情况下还能提出有创新性的理念及措施帮助企业不断调整升级。

（4）具备良好的职业素养

相关调查数据显示，在学历、能力都同档次的基础上，企业更喜欢聘用那些职业素养较好的求职者。著名心理学家麦克利兰提出的"冰山模型"中，将个人素质的表现形式分为包含基本知识、基本技能等的"水面以上部分"，以及包含个性、价值观、态度与动机等的"水面以下部分"。其中的价值观、态度与动机等就属于职业素养范畴。具体而言，职业素养主要包括以下几个方面的内容：

①职业知识：主要体现为自我职业生涯规划知识、法律法规知识、财务税收知识等。

②职业技能：主要体现为创新能力、团队协作与沟通能力、语言表达能力、环境适应能力、独立分析问题并解决问题的能力等。

③职业态度：主要体现为诚实守信、职业忠诚度、岗位抗压能力、岗位责任心、谦虚谨慎的态度、较强的进取心和职业认同感等。

三、工商管理专业核心能力的支持措施

学生的优秀与成长需要众多资源及配套制度的支撑,与学生的成长成才最密切的就是人才培养方案设计中的专业课程设计模块。随着时代的变化与各种技术手段的层出不穷,工商专业的课程设计模块也应该跟上时代的步伐与改革的节奏。目前,各院校对于工商专业的课程设计都差不多,主要为:理论课程体系＝公共基础课程(公共课)＋岗位基础知识课程(专业基础课)＋岗位核心知识课程(专业核心课)＋素质拓展课程(选修课);实践课程体系＝岗位基础能力实训＋岗位核心能力实训＋综合能力实践特色与风格。

四、工商管理专业核心能力的现实意义

近年来,由于我国经济的飞速发展,特别是农业产业化、新型工业化和服务现代化对具备职业核心能力的高技能型人才需求强劲,工商管理专业学生的就业市场尤其宽广,但是现阶段高等院校培养的工商管理专业毕业生不但缺乏岗位必备的技术与技能,同时在工作中还跳槽频繁,缺乏新时代劳动者必要的"职业核心能力"。因此,毕业生就业与市场需求存在错位,结构性失业矛盾突出。为何会导致这个局面,通过调研走访、文献查阅等方式发现,造成这种局面的关键因素是,各高校在对工商管理专业学生的人才培养方案设计中过于重视对学生职业技能的培养,而忽视"职业核心能力"职业素养的培养与教育。

在2015年国务院印发的《中国制造2025》中强调:要完善中国制造从研发、转化、生产到管理的人才培养体系,为推动中国制造业从大国向强国转变提供人才保障。国家"十三五"规划提出"营造崇尚专业的社会氛围,大力弘扬新时期工匠精神。因此,对工商管理专业学生进行"职业核心能力"培养的教学改革,对改进本专业的人才培养质量、提升学生的就业质量与就业水平、减少整个社会的结构性失业都具有巨大的研究意义和现实意义。

第三节　工商管理人才培养情境教育

一、情境教育内涵

情境教育是对真实工商企业运营的一种模拟，在这其中，学生起主导作用，是交流和协作的核心，同时需要教师进行正确引导和协助，帮助学生分析在企业运营中出现的问题，提高学生解决实际问题的能力。情境教育是一种以工商企业管理实践为基础的教学方法。

情境教育是建构主义教学方法中的一种，它认为人们在学习知识的过程中，知识是不断变革、升华和改变的，人们对于知识的看法会不断更新，产生新的假设。因此，知识无法用任何一种符号系统表示。人们在知识学习的过程中，是要根据具体情境对自身原有知识进行再加工和再创造，因而所有的知识都不是通用的，并且知识是学习者根据自身经验建构起来的，不可能以实体的形式存在于个体之外。这种理论十分符合建构主义的主张。建构主义认为知识是人们对客观世界的一种解释、假设或假说，它具有情境性，并且处在不断变化之中。

因此，在学习知识过程中，教师起到的不是主要作用，起主导作用的是学生。学生在一定情境下，通过意义建构的方式，利用必要的学习资料，在老师和同伴的帮助下，可以获得知识的学习。在知识学习中，学生的体验是核心。

学习包括4个要素。第一，情境。学生对知识的意义建构离不开学习情境的帮助。第二，协作。协作包括两个方面——自我协商和相互协商。前者指学生自己反复思考特定问题；后者指与其他人（教师或同学）讨论特定问题。第三，交流。协作离不开交流，交流是协作的最基本手段和方式。第四，意义建构。意义建构可以让学生理解事物的规律、性质及其与其他事物之间的联系。意义建构是学习的最终目的，是教学的最终目标。

对于工商管理专业来说，其知识因为具有明显的隐性特征，很难被结构化地表达出来。此类知识不属于结构良好的领域性知识。对于这类知识，要求学生正视知识的复杂性，并且能够在情境中灵活地运用知识解决实际问题，灵活地分析和思考问题。建构主义观点应当是工商管理专业在知识的教学中需要遵循的主要原则。教师必须在建构主义框架下进行教学，为学生创设真实的学习情境，这样才能达到预期的教学目标。在情境中，应当以学生为主体，创设真实的学习情境，让学生通过自我思考和小组讨论，对既有的知识体系进行重建，获得新知识。

国际一流商学院，如哈佛商学院等，已经构建起工商管理专业人才培养的情境教育专门体系。在这一体系运作下，这些商学院培养出了一大批杰出的工商企业者。对于我国来说，这些商学院在工商管理人才培养的方式、方法上值得借鉴。同时，高校应当结合我国当前经济发展的最新情况，不断探索并综合运用多种情境教学方法，使教学目标、教学特色得以重点体现，进一步保证情境教育在工商管理人才培养中能够起到巨大作用。

二、情境教育类型

工商管理专业情境教育的主要类型有以下5种：案例教学、模拟教学、角色扮演、企业管理者宣讲和工商企业实践。这5种教育类型组成了工商管理情境教育的一个完整闭环。下面分别对它们进行阐述。

（1）案例教学

案例教学是对以往工商企业在经营过程中出现的问题及解决方式进行叙述，提供学习情境，让学生在了解相关背景信息的情况下进行学习。学生需要主动搜集相关资料，通过自身思考和小组讨论等活动，对情境进行进一步补充和完善。通过这些程序，学生可以形成对案例情境的初步认识，并在自身已有知识水平的基础上，讨论得出解决问题的方法。最后，教师还需要对学生的结论做出评价，进一步加深学生对工商管理企业实践的理解，重构对新知识的掌握。

（2）模拟教学

模拟教学是以计算机技术为依托，建立一个虚拟的工商管理企业平台，学生可以以小组为单位，组建自己的经营团队，每个队员扮演企业内不同的角色，共同经营这家模拟工商企业。除此之外，还可以与其他模拟企业进行竞争，模拟真实的市场竞争环境。在竞争开始前，教师需要为所有团队设置一个初始状态，让大家在共同的起点上开始竞争。所有参与模拟企业的学生，可以在竞争过程中加深对现有情境的理解，并能迅速适应新的情境，同时在不断加深理解的基础上，建构对情境的理解。以课堂知识为基础，学生通过独立思考加小组讨论，可以对经营形势做出决策。在这一过程中，学生对知识的理解会越来越深，学习效果也会更好。

（3）角色扮演

在上一部分已经说到了模拟教学，其实模拟教学也是一种角色扮演。角色扮演是指在模拟工商企业环境中由学生扮演企业的不同角色，如执行总监、研发总监、财务总监、营销总监等，通过对这些角色的扮演，学生可以在工商企业管理人的行为和自身参与等方面有更加深刻的体验。在角色扮演中，需要教师为学生设定初始角色，并在整个过程中指导学生如何扮演角色、如何分析并解决问题。所有学生扮演的角色将会在工商企业中进行决策，这些决策将引发其他参与者的变化。这些决策和变化构成了学习的情境。与此同时，学生还会对学习情境形成自我认知，并在动态演进中学会对遇到的问题进行分析和解决。角色扮演者通过分析会不断加深对这一角色的理解，掌握相关知识。

（4）企业管理者宣讲

企业管理者宣讲是指高校邀请有经验的管理者对学生进行解析式或体验式宣讲。解析式宣讲是指企业管理者进入学生课堂，为学生讲解在现实企业经营过程中可能会出现的决策、执行方面的问题，并与学生进行交流，让学生主动思考，获得情境体验。这种方式能够让学生身临其境地完成意义建构，加深对工商企业经营事件的理解。体验式宣讲是指企业管理者通过讲座、座谈会、报告会等方式，让学生聆听企业管理者的实践经验，并通过提问获得相应问题的解答。这种面对面的交流方式可以让学生更有针对性地提出问题，建构情境。其实，上面两种方式都可以为学生起到示范作用，让学生获得更多企业管理知识。

（5）工商企业实践

工商企业实践是指学生进入真实的工商企业，去现场学习。此类实践分为体验型实践和强化型实践。

①体验性实践。学生进入企业，观察、跟踪、访谈、记录企业业务的开展和管理运营，形成自我对情境的构建，获得对工商企业运营的理解。

②强化型实践。学生以实习方式成为企业员工，依托在校期间学到的各种工商管理专业知识，完成真实岗位的工作任务，处理工作中出现的各种问题，还可以通过探讨加深对知识的理解。在这一过程中，学生会对既有知识进行重构，以便强化知识的学习效果。

工商企业实践是情境强度最高的教学类型。因为它能让学生看到、听到、体验到工商企业的紧张有序，让实践变得更加生动。

三、案例教学的内涵与特点

案例教学法作为一种以案例为基础的教学法，在20世纪20年代由美国哈佛商学院倡导。其作用表现在，培养学生解决实际问题的能力，缩短教学情境与工商企业实际情境的差距。

案例教学法的采用应具备以下必要条件：一是要有好的案例素材，二是要明确教师的角色定位，三是要明确学生的任务。教师在案例讨论中要对学生进行全程指导。在讨论前的准备期，教师应事先布置案例，对分组进行必要的调整，提供不同类型的问题，对学生讨论前需要做的准备予以明确。在讨论过程中，教师需要引导讨论方向、把握讨论节奏、控制讨论过程，对学生的表现及时给予反馈、点评，启发学生进一步思考。讨论后，教师需要批改学生上交的案例作业。案例讨论中学生是主角，其在课前需要进行充分的案例准备，反复阅读案例。

案例教学有以下3个特点：

第一，理论与实践相结合。教学的理论与实践之间，要想获得良好的衔接，必须有一个桥梁，而案例教学就是一条非常好的纽带。对于工商管理专业来说，案例教学可以使理论与之达到某种平衡。因为案例全部取自真实的工商企业遇到的现实案例。

在案例教学中，学生需要根据案例描述的事实，去阐述、探析、解释企业实际运营中出现的问题，找出具体原因，通过自身思考和小组讨论，提出解决问题的办法。

第二，以师生互动为主，学生参与度高。在案例教学中，学生起学习的主导作用，教师则是一名指导者。学生会充分发挥其学习主动性，教师要与其互动，对学生的思考进行引导。在课堂讨论和小组讨论中，学生会变被动接受为主动思考，成为课堂教学的主体。

第三，具有启发性和创造性。案例教学形式多样，有多种教学方法和手段，表现形式十分灵活。学生可以通过小组讨论、课堂点评、案例与分析等，学到相应知识。

在案例教学中，涉及的问题具有一定启发性，同时，给学生留下了充足的思考空间。

学生经过讨论后，会得出一个一般性的结论，这时，教师就需要对学生进行引导，让学生可以根据自身的既有知识，从不同角度分析问题，发挥创造性思维，举一反三，得出属于自己的独特见解，提高应变能力，多角度解决实际问题。

四、情境教育协同

采用单一类型的情境教学方法能够推动学生的知识学习和能力提升，综合运用各种类型则能取得更好的效果。各种类型的情境教育具有不同特征，综合运用这些情境教学方法能够汲取各方法的精华，实现各种方法的协同互补。

案例教学、模拟教学、角色扮演、企业管理者宣讲和工商企业实践5种工商管理人才培养的情境教学方法，在情境构建主体、情境强度、协作交流对象、团队合作强度及知识学习中各有自身的特征。

第一，情境建构的主体包括学生和非学生两类。以学生为主体的情境必须建立在学生对情境的体验上，因此，这种情境更加有利于学生对知识的理解和掌握，学生能更快地获得知识。知识学习过程的向前延伸，就是学生构建情境的过程。非学生类主体包括教师和工商企业管理者。在案例教学中，教师是情境构建的主体。在企业管理者入校宣讲时，工商企业管理者是情境构建主体。

第二，情境在不同状况下的强度会有不同。在教学中，情境的强度有一个逐渐增强的过程。案例教学中，情境的强度较弱，因为学生处于一个被动接受的状态，他们对情境的认知比较单一。在公司企业管理者宣讲中，学生能与企业管理者进行面对面的直接交流，听取他们对于企业运营的经验，能够形成较为强烈的情境感受，所以情境的强度较强。在模拟教学中，让学生进行角色扮演，使学生了解工商企业中各个工作的具体状态，也可以模拟与其他工商企业进行竞争，故而能够加强学生对情境的理解。在角色扮演中，由于学生需要从角色的视角出发，分析和解决问题，也能强烈地感受到具体的情境。最后，情境强度最强的是工商企业实践，学生进入真实的工商企业工作环境中，能够亲身体验到工作的酸甜苦辣，能够亲自分析和解决具体的问题，获得最好的情境体验。

第三，在协作交流对象方面，这5种情境教学方法的协作交流对象也有所不同。一般来说，协作交流对象分为学习伙伴和非学习伙伴两类。其中，学习伙伴是指学生本人、团队的其他成员、其他团队的成员及教师；非学习伙伴是指学习伙伴以外的其他主体,包括工商企业管理者、员工和其他利益相关者。在工商企业实践、工商企业管理者进课堂情境教学中,学生不仅能够与自己、团队其他成员、其他团队成员及教师进行交流与协作,而且还能与工商企业管理者、员工和其他利益相关者等非学习伙伴进行交流。而在案例教学、角色扮演和模拟教学中,学生的交流伙伴仅限于学习伙伴。同时与学习伙伴与非学习伙伴进行交流有助于拓宽信息的来源渠道,多视角分析问题,极大地深化和拓展知识的学习效果。

第四,不同情境中团队合作程度也不同。团队合作是培养学生团队意识的重要方面。与团队其他成员进行沟通交流时,可以锻炼学生的领导能力和人际交往能力。在团队合作过程中,通过思维的碰撞,可以促进个人的思考,加强自身对于知识的理解和应用。在不同情境中,团队合作的程度也是不一样的。在案例教学和模拟教学中,因为学生需要与其他同学结成小组进行讨论和协作,团队合作程度较强,能够极好地锻炼学生的团队合作能力。而在角色扮演、工商企业管理者宣讲和工商企业实践的大部分情况下,学生是处于独自思考的状态的,多局限于自我思考,团队合作的条件较差,团队合作的强度较低。

交流强度与团队合作强度密切相关。对于团队合作强度高的情境教学方法,其交流强度一定高。原因在于团队合作需要以团队成员之间的交流为基础。案例教学和模拟教学两种教学方法的团队合作强度高,因此,交流强度也高。但对于团队合作强度低的情境教学方法,其交流强度不一定低。原因在于交流的模式主要分为3种类型,即合作性交流、交互性交流和竞争性交流。在工商企业实践中,由于学生需要对工商企业管理者、员工和其他利益相关者进行访谈并获得所需信息,学生与这些主体的交流属于交互性交流范畴,因此,虽然合作强度较低,但交流强度却较高。在角色扮演中,角色扮演者需要与其他人进行谈判、共同决策或采访等,因而需要进行竞争性交流、合作性交流或一般交互性交流,虽然团队合作强度低,但交流强度高。高交流强度的情境教学方法能够有效促进学生思考并有助于提升学生的信息能力和人际交流能力,即沟通能力。

第五,学习新知识和强化已有知识是情境教育的两种作用。案例教学、角色扮演、体验型工商企业实践和体验型工商企业管理者宣讲,都可以让学生获得新知识。这几类情境教学是在学生已有的知识体系基础上,通过让学生对问题进行思考、分析、讨论完成的。模拟教学、强化型工商企业实践和解析型工商企业管理者宣讲,可以达到强化知识学习的效果。在这些情境中,学生可以将已学得的知识通过思考、讨论和体验，加深对知识的理解，强化教学效果。

由于不同类型的工商管理情境教育方法具有不同的优势，所以这些方法之间能够形成协同效应。将不同类型的情境教育方法进行有机整合并运用到教学中，去能够发挥"1+1＞2"的效应。在课程教学前期，综合使用体验型工商企业实践、工商企业管理者进课堂、角色扮演和案例教学能够汲取各种教学方法的精华，构建一个以学生为情境构建主体，让学生感受真实的工商企业环境，融入工商企业决策者角色，提高思考的主动性、与学习伙伴和其他各种类型非学习伙伴进行协作交流，以及培养团队合作和交流能力的情境教育体系。在课程教习后期，通过依次运用模拟教学和强化型工商企业实践，为学生创造一个运用所学知识进行问题识别、分析和解决的机会，强化对所学知识的理解。两者之间在情境构建主体、协作交流对象、团队合作和交流方法等方面存在互补性。

第四节　工商管理人才能力架构

一、能力架构模型

不论学生是否拔尖，是否杰出，是否能够成为某一领域的专家，他们首先应该是现代文明社会中有良好素养的人。有良好素养的人就是一个能够代表人类文明进步的人，能够汲取迄今为止人类文明成果的人。先成人，再成才。教育不是为了培养工具，育人本身就是目的。工商管理人才除了具备良好素养外，还需要基于工商企业管理者要完成的任务和履行的职责或者扮演的角色具备各种能力，形成工商管理人才能力架构模型。

亨利·明茨伯格是管理角色学派的代表人物，他的著作是《管理进行时》。在这本书中，他建立了一个通用管理模型，这一模型中包含了"三个平台"和"六种角色"。"三个平台"分别为信息平台、人员平台和行动平台。收集、传播和控制信息是企业平台上工商企业管理者需要做到的。领导和联络企业中的各种人员需要工商企业管理者在人员平台上操作。工商企业管理者还应该在行动平台上做出行动，并处理问题。一个工商企业要想满足管理实践的要求，达到某种平衡，管理角色需要在以上"三个平台"中相互配合、相互补充。可以说，工商企业管理者必须从事一项全面的工作。在具体实践中，构思工作框架和安排工作日程是工商企业管理者需要亲自履行的两项职责。

在确定工商管理人才培养目标的前提下，在"三个平台、六种角色"的通用管理模型的基础上，可以总结出两大特征、三大能力。"两大特征"指的是，当前工商管理学与其他学科交叉综合程度高，工商管理学科国际化程度深。"三大能力"指：经营能力，包括技术能力和流程能力；沟通能力，包括信息能力和人际能力；创新能力，包括逻辑思维能力和批判性思维能力。在三大能力的基础上，现实工商管理企业在运营过程中，还展现出计划能力、组织能力、领导能力和控制能力。综上所述，"2+3+4"工商管理人才能力架构模型就此形成。

从国际著名商学院的人才培养方案来看，在人才培养的指导思想（培养目标）上基本都涵盖了以下一些对于知识、能力或素质方面的要求：国际化视野、社会责任意识或伦理道德、沟通能力和领导力、批判性思维能力（创新能力）、分析能力（涉及数学、统计、经济学）、终身学习和自我完善能力、商学核心知识和专业知识，而这些要求又与相关课程的设计紧密联系在一起。

以清华大学经济管理学院为例，其培养目标特别强调以能力为基础，尽管这些能力的表述比较简单也不够系统。例如，信息管理与信息系统专业的培养目标是把学生培养成能够把握数字经济时代的商务活动规律，能够开发和运用信息技术及数理方法以优化管理、提升绩效、引领创新型、复合型管理人才。而会计学专业的培养目标是培养既掌握国际前沿的会计理论研究方法，通晓全球会计准则和会计制度发展趋势，又熟悉国际国内经济发展与资本市场运作规律的复合型高端会计研究和实践人才。经济与金融专业的培养目标是培养既掌握系统的经济学、金融学理论和分析方法，又具备解决现代经济，特别是金融领域中实际问题的技能；既具有国际视野，同时也了解中国国情的高素质、复合型经济和金融人才。

二、经营能力

经营能力是指使用有关程序、技术和方法开展工商企业具体业务的能力，包括技术能力、流程能力。技术能力是指开展工商企业某项具体业务的能力，流程能力是指设计工商企业经营业务流程的能力。

工商管理企业要想经营得好，就必须开展相应的业务。一般情况下，工商管理企业的主要业务包括营销、生产、会计、人事、物流、研发等。一般刚从学校毕业的大学生，需要从基础的具体业务做起。要想做好具体业务，就需要具备相应的技术能力。在这期间,其专业素质和专业水准将得到体现。

但对于工商管理企业经营来说,还需要更多的优秀专业人才。除了营销、生产、会计、人事、物流、研发等基础业务,还需要具备流程能力,即可以从基层的具体业务执行者"跨越"为工商企业的管理者。不过,业务经营和企业管理还是有区别的,虽然企业管理的对象是具体业务,但是在进行管理时,要从企业整体长远的未来发展进行考虑,思考的主要对象是工商企业本身。

对于工商企业来说,它的每一个经营行为都是一个流程节点,在所有流程节点相互连接后,企业经营才能更加顺畅,对客户需求才能有更加灵敏的反应,能比其他企业更快占领市场。企业中的各个业务部门并不是单独存在的,而是一个有机联系的整体,它们之间相互依存而影响企业经营。因此,必须设计合理的企业业务流程,采取有利于组织整体目标实现的方式。

三、沟通能力

沟通能力是指传播信息,激励、培养他人,并在工商企业内外建立关系网络的能力,包括信息能力和人际能力。信息能力是指通过聆听、访问、演讲、演示、简报、报告、视觉、感觉等收集信息和传播信息的能力。人际能力是指激励、劝说、指导、培训他人高效完成工作的能力,也包括建立内外关系网络的能力。

工商企业管理工作要进行大量信息处理,要通过大量的倾听、观察、感觉和交谈来收集和传播信息,这些信息包括工商企业内部运营和外部事件。外部事件既包括一般环境中的事件,也包括具体环境中的事件。工商企业管理者应该成为所分管部门的神经中枢,不仅要把大量信息传播给所在部门的其他人员,与他们分享信息,而且对外要代表部门利益向各类人群发表演讲,为了部门目标的实现进行各种游说,在各种公开刊物上代表部门的专业水准,随时向各方汇报部门的最新进展。由于工商企业管理者更需要从说话者的语音语调、面部表情、肢体语言、情绪和氛围中捕捉信息,并且要掌握时下的尚未记录在案的"道听途说"的信息,更好地实施"控制"职能,所以信息能力对工商企业管理者非常重要。

由于更加依赖他人来完成各项工作,所以工商企业管理者会花费大量时间激励、劝说、指导和培训员工,让员工能以饱满的热情,摆脱羁绊,自由而高效地做事,同时获得自我发展。工商企业管理者还需要将员工凝聚起来,组成相互协作的团队,不断解决团队内部和团队之间的各种冲突。这些通常被称为"领导力"的工作职责必然要求以相应的人际能力作为基础。此外,人际能力还包括建立内外关系网络的能力。工商企业管理者应该建立广泛的人脉关系网络,以形成强大的支持者联盟,这对中国的工商企业管理者尤为重要。

罗伯特·卡茨认为,人际技能是工商企业管理者的技能之一。他把人际技能描述为工商企业管理者作为团队的一员高效地开展工作,以及在自己领导的团队中促使大家团结协作的能力,主要是怎样"待人",体现在个体对上级、同级、下级的感知方式上(以及如何判别他们对自己的感知),也体现在由此而产生的行为方式上。人际技能可以细分为处理部门内部关系的能力和处理跨部门关系的能力。对于中低层管理职位,前者至关重要;随着管理职位的上升,后者变得越来越重要。

四、创新能力

创新能力指的是对工商企业管理过程中存在问题的认识、分析、综合、概括,同时创造性、建设性地解决这些问题的能力。创新能力包括逻辑思维能力和批判性思维能力。

逻辑思维是人们在认识过程中借助概念、判断、推理反映现实的过程。它与形象思维不同,是用科学的抽象概念、范畴揭示事物的本质,表达认识现实的结果。逻辑思维是一种确定的而不是模棱两可的,前后一贯的而不是自相矛盾的,有条理、有依据的思维。在逻辑思维中,要用到概念、判断、推理等思维形式和分析、综合、归纳、演绎、抽象、概括等方法,而掌握和运用这些思维形式和方法的程度,也就是逻辑思维能力。

(1)分析。把研究对象分解成不同的部分或模块,分别加以思考,进行逻辑考察。

(2)综合。将不同的部分或模块组合成一个整体,加以思考,进行逻辑考察。根据属性不同,可以采取不同的归类方法。具有相同属性的可以归为一类,属性不同的可归为不同类别。分析与综合是相辅相成、不可分割的。

(3)归纳。从独特的材料中得出一般性的结论,前提与结论之间的联系必须具有或然性。

(4)演绎。从一般性的前提推出个别性的结论,前提与结论之间的联系具有必然性。

(5)抽象。从具体事物中抽取其本质属性,运用思维的力量去除无用的杂质。

(6)概括。对某一具体事物的属性联想到同一类事物的共同属性。抽象与概括是密不可分、相互联系的。

（7）批判性思维是指对专家和权威的意见提出质问和挑战，而非无条件地接受。虽然专家和权威的意见被大多数人所接受，但人们还是可以用批判性思维提出质疑，做出新判断。当然，并不是一切命题都需要用批判性思维进行否定。批判性思维可以帮助人真正了解哪一个意见更有说服力，哪一种命题更有道理。一个人要想成为一个有智慧的人，成为一个有创造能力的人，就要学会运用批判性思维去进行思考。

第五节　工商管理人才培养国际认证

国际上有三大商学院联盟，这三大联盟根据自身的发展情况，相继推出认证体系。目前，全球最大的认证体系是由AACSB推出的AACSB认证体系，其也是严格的北美质量认证体系。其次是欧洲管理发展基金会（EFMD）推行的欧洲质量发展认证体系（EQUIS）。历史更悠久的是工商管理硕士协会（AMBA）推出的AMBA认证体系，其旨在对工商管理硕士课程进行认证。能同时取得这三大商学院联盟的认可，对于任何一家商学院来说都是非常高的荣誉。

一、AACSB

为了提高工商管理高等教育的水平，一些商学院、社团和其他组织构成了AACSB，这是一个非营利性组织。1919年的商学院认证标准就是由AACSB这一组织来制定颁布的。1980年，它还颁布了会计学项目的标准。1991年，它进一步制定了评估考察团的评估程序，同时确定了与使命相联系的认证标准，并在2003年对这一标准进行了修改。AACSB认证的通过代表着社会对高校工商管理专业发展的肯定，它是全世界商学院的最高成就，它的评估过程是非常严格和全面的。获得AACSB认证资格，代表着这一高校在管理教育方面是十分优秀的。

获得成员资格、预审、初审和保持认证资格是AACSB进行商学院认证的主要流程。而获得商学认证资格，也是会计学认证的一个基本条件。会计学认证还包括另外3个阶段：预审、初审和保持会计学认证资格。教育质量是AACSB认证最重视的核心内容。教育质量高的商学院才有可能获得AACSB的承认，AACSB的大部分规定也与教育质量密切相关。如果一个商学院在它的教学实践项目中能做到教师与学生进行充分互动,那么它的教育质量也会迅速上升,从而获得 AACSB 的关注。AACSB 认证的院校,全体成员必须有一种实现使命的决心,在制订教师发展计划和学校运作的过程中,也应当具备较高的指令传达效率。

AACSB 在关注教育质量的同时,也关注高校是采用什么方法来实现管理学教育的高质量的。也就是说,AACSB 支持高校在教育中采用多种多样的教学方法。同时,AACSB 还强调高校应当在课程设置、教师素养、教学方法、科研活动等方面采取一系列措施予以加强。

综上所述,获得 AACSB 认证资格的商学院必然是有以下特征的:拥有高质量的教学水平;拥有高素质的教师人才队伍,教师拥有先进的商业和管理知识;在教学中师生互动性强;培养的学生在毕业时都能完成学习目标;高校的使命在不断影响管理资源的调整。

通常来说,从启动评估程序到通过认证,通常要花 5~7 年的时间,特别是针对全职教授和研究产出,AACSB 是非常严格的。

二、EQUIS

EQUIS 认证创办的目的是为了推动教育的进步,它是一项国际认证体系,是由欧洲管理发展基金会创办的。它的主要目的是对高等管理机构教育进行质量评价。由于欧洲管理发展基金会以致力于服务全球管理教育为理念,故并没有把 EQUIS 的重点放在特定的高等管理教育项目上,也不只是集中于 MBA 项目,而是将其基本工作内容定位于辨别各种高等管理教育方法(包括本科和研究生院课程)的异同及其优势,其基本目标是提高全世界的高等管理教育水平。作为一个国际权威机构,EQUIS 从整体来评价认证对象,认证过程非常严谨。就 MBA 项目认证来说,EQUIS 认证时,除要求高等管理教育机构提供证明其在本国内拥有高水平教学标准的有力证据外,还要求该机构课程必须高度国际化,学生必须具备全球使命感;要求机构除制订完备的学习计划外,还要推动商业研究工作。此外,EQUIS 认为高等管理教管机构与工商业界之间应密切联系,保持专业理论知识和商业实践之间的平衡。

EQUIS 认为商学院的项目应当是多种多样的,应当有自身的特色,EQUIS 认为标准化的项目不符合其价值观。在对院校进行评价时,它注重的是整体的评估认证,除了最主要的学位项目外,它还对院校所有部门的活动进行评估,包括教学、科研、高层管理人员教育、远程教育等。当然，管理学教育是进行 EQUIS 评估最核心的评估项目。相互学习、相互借鉴，也是 EQUIS 提倡的重要内容。另外，它还强调高质量教学与其他机构之间应当加强交流合作，互相借鉴优秀的实践经验，尽可能挖掘研究潜能。要想获得 EQUIS 认证，院校还应当具备高效率的教学环境，因为高效率的环境有助于培养学生的管理能力和创新创业精神。项目和教学全方位的创新，也是 EQUIS 十分重视的内容。

三、AMBA

针对商学院 MBA 项目，AMBA 国际认证体系应运而生。1967 年，AMBA 在英国成立。它成立之后，世界上才有了专门从事 MBA 质量认证的独立机构。商务和管理实践的发展是 AMBA 认证关注的重点内容。机构能否独立自主地颁授学位、个人及 MBA 毕业生雇主是否认同国际 MBA 认证体系、院校 MBA 项目的质量等，都是 AMBA 认证的标准。

AMBA 的流程是初步讨论、自我审查、初步评估、实地调查及报告准备。在认证流程中，先由被认证高等管理教育机构进行一番自我评估或审查。自我评估的目的是帮助被认证机构对自己的战略地位有一个更清晰的认识。SWOT 分析可以用来识别各机构提供的 MBA 项目的优劣、内外环境产生的机会和挑战，以及该 MBA 项目的宗旨（使命陈述）和资源之间的平衡状况。然后由欧美高等管理教育认证体系组织审查小组考核认证资格。审查小组通常包括国际学者、MBA 项目管理者及实业界人士。审查小组要到被评估机构进行实地考察，以了解实际情况。在考察了被评估机构之后，审查小组会草拟一份报告，提出他们的建议。

国际认证，也可以说是管理教育体系中的行业内部规范，它由领头工商企业制定，对所有成员都起着非常重要的作用。所有成员都是这一规则的参与者和遵守者。行业内的所有工商企业都按照这一规则来执行，那么行业的质量和发展就能得到良好的保证。AACSB、EQUIS 和 AMBA 都起到了同样的作用，它们都为认证制定了高标准的规格，保证了国际高等管理教育的质量。获得国际认证的院校中的教师和学生都存在一种自豪感，并且能够继续向上追求更大的进步。事实证明，获得国际认证的学院相互之间建立了互通的网络，最直接的结果是可以互相承认学位，还让不同院校的教师和学生之间的交流更加顺畅。家长和学生在选择报考院校的时候，也可以参考国际认证的结果。因为国际认证可以证明该商学院教学质量达到了一定标准，这能极大地吸引优秀学生加入该院校。

上海交通大学安泰经济与管理学院在2011年5月获得AACSB认证，成为国内首个获得三大国际权威之一认证的商学院。这表明，上海交通大学安泰经济与管理学院的教学质量得到了国际认可，这为上海交通大学安泰经济与管理学院吸引了大量人才报考。

第六节　工商管理专业学生就业方向

一、研究生教育

从目前来看，工商管理专业的学生在毕业后将会面临4种选择：就业、保研、考研和出国。其实无论是保研、考研还是出国，都是继续选择研究生教育；而就业则是直接走上工作岗位，开启职业生涯。

研究生教育是学生本科毕业之后继续进行深造和学习的一种教育形式，又可以分为硕士研究生教育和博士研究生教育。在硕士阶段，考生需要参加国家统一组织的硕士研究生入学考试（含应届本科毕业生的推荐免试和部分高等学校经教育部批准自行组织的单独入学考试），被录取后进行2~3年的学习，在毕业时，若课程学习和论文答辩均符合学位条例的规定，可获得硕士生毕业证书和硕士学位证书。

（一）学术型硕士或专业型硕士

学术型硕士和专业型硕士都是硕士，但存在一定区别，具体体现在以下3个方面：

第一，二者的培养方向不同。学术型硕士培养的目标是培养教学和科研人才，而专业型硕士的培养目的是培养特定高层次专门人才。相比之下，学术型硕士的教学更重理论与研究，而专业型硕士的教学更具应用性，培养的人才主要是为了进入企业发展。专业型硕士的毕业生就业空间更加广泛。

第二，二者的招生条件不同。虽然说学术型硕士、专业型硕士和在职专业型硕士的招生考试都是在每年的12月份进行统考，但是它们报考的条件要求有所不同。学术型硕士的报考者，一般不需要工作经历；而专业型硕士的报考者一般需要有一定年限的工作经验。但是，在2009年，我国对于全日制专业型硕士的报考条件进行了一定的修正。根据国家最新规定，应届生也可以报考专业型硕士，招生条件和原来的学术型硕士相一致。

第三，课程要求不同。虽然学术型硕士和专业型硕士的学制都是2~3年，但是相比之下，二者的课程侧重点不同。除主干课程外，专业型硕士的实践课程相比学术型硕士更多，一般要求有不少于6个月的实习期。而学术型硕士的课程更多地以理论为主。

（二）专业的选择

对于本科阶段的专业来说，硕士阶段的专业更具有方向性。学生应当在本科阶段的学习中，根据自己的兴趣和自身具备的知识，慎重选择硕士研究生的研究方向。硕士阶段专业的选择是就业或继续攻读博士学位的基础，因此，对于学生来说非常重要。《学位授予和人才培养学科目录》是由国务院学位委员会、教育部颁布的文件，2018年4月更新了最新一版，学生在选择硕士研究生专业时可以参考。

在确定了专业以后，相应的考试科目也就明确了。一般而言，硕士研究生入学考试会包括公共课和专业课，对于经济管理类专业而言，公共课是全国统一考试的数学（根据不同的专业会考核"数学三"或者"数学四"）和英语，专业课则由所报考院校的相关专业来自行命题。因此，在进行专业和报考院校的选择时，需要进行综合考量，才会大大提高考取的可能性。

如果是继续在本校攻读本专业的硕士研究生，那么本科阶段的学习对于备考而言就显得十分重要，可以大大降低备考中的复习工作量。如果选择了本校的其他专业或外校的本专业或其他专业，那么就需要更早地做好复习准备，至少在专业课方面将要投入更多的时间和精力。

对于专业硕士而言，目前共有工商管理硕士（MBA）、工程管理硕士（MEM）、林业硕士（MF）、公共管理硕士（MPA）、法律硕士、教育硕士、工程硕士、农业硕士、会计硕士（MPAcc）、审计硕士（MAud）和应用心理硕士（MAP）等可供选择。

（三）推荐免试研究生

推荐面试研究生，也称"保研"，是高校保送优秀学生进入本校或其他院校攻读硕士研究生的一项工作。获得保研资格的学生，都是在校期间无论学习成绩，还是综合素质都非常优秀的学生。但是，根据国家规定，保研的名额是有限的，获得保研资格需要层层筛选。高校推荐免试研究生通常有以下程序：发布保研简章—准备和寄送材料—笔试—面试—预录取—报名。高校应当按照国家规定的以上程序进行免试研究生的推荐工作。

想获得免试研究生推荐资格的学生，可以报考本校的专业，也可以报考其他学校的任何专业。现在，很多高校为了吸引更多优秀学生加入，抢夺优质生源，通常会以夏令营的方式与学生进行接触。通常，此类夏令营会在暑假进行，一般持续一周。有兴趣参加推荐免试研究生的学生，应当在大学二年级的下学期，密切关注各个著名高校发布的推免研究生夏令营活动，做好准备工作，积极参加，帮助自己获得进入名校的机会。夏令营的主要活动包括参观学校、学术交流、分享知名导师研究方向，高校还可以通过笔试、面试、实验测试等方式对学生进行考核，对于优秀的人才可以发放拟录取通知书，加快对人才的选拔。

（四）出国攻读硕士学位

随着经济全球化的发展和人民生活水平的日益提高，越来越多的家长都希望自己的孩子走出国门，去国外高校进行学习。很多学生也认为，出国攻读硕士学位可以开阔眼界、学习国际先进的专业知识。

在出国攻读硕士学位前，学生需要对国外高校的招生信息进行分析，针对不同的要求，准备不同的材料提出申请。一般来说，国外高校除了要求学生的英语水平外，还要参考学生在校的学习成绩和实践活动情况。因此，想要去国外攻读硕士学位的人，应当提前准备英语考试，备考雅思或托福，取得好的英语成绩；还应当在大学阶段努力学习，特别是专业课，取得好成绩。

二、就业

最近几年出现了一个非常有趣的现象，一些国际知名企业的总裁等纷纷著书立说，以现身说法来介绍各自的管理经验和技巧。大量商业管理类书籍登上畅销书排行榜，这反映了社会对于高级工商管理类人才的追捧，"向管理要效益"已经成为众多企业的共识。

广义的工商管理包含的领域很多，下设的二级专业各具特色，主要包括工商管理、市场营销、财务管理、人力资源管理、旅游管理等。作为二级专业的工商管理，在就业中可以从事的领域包括运营管理、质量管理、市场营销、人力资源管理等。

(一)工商管理专业就业前景

工商管理专业中涉及的基础学科较多,系统庞杂。它不仅涉及人事、财务、会计等工作,还涉及企业经营中的计划、组织、策划、领导等工作。经济学和管理学是工商管理学科的理论基础,它涵盖人文科学和自然科学不同领域知识。针对企业在运营过程中出现的资金筹措、财务管理、市场营销、投资分析和资源配置等方面,工商管理专业学生也都要学习。因此,对于会计学、金融学等专业性较强的专业,工商管理的就业范围更加广泛,学生可选择的就业岗位更多。可以说,在未来几年,工商管理专业的就业前景还是非常可观的。

随着市场经济的快速发展,第三产业的兴起速度也逐渐加快,各个企业对于工商管理人才的需求也越来越大,而工商管理的培养目标恰恰就是培养企业需要的中高层次综合管理人才。旅游行业、物流行业、电子商务、人力资源管理等,都需要职业经理人进行管理,这是工商管理专业发展的机会。

但是刚毕业的大学生直接进入企业的管理层是不现实的,因为在高校中,学生的企业管理实践并不足以让他们胜任企业的管理岗位。卓越的管理能力来自一线基层工作的经验积累,学生需要具备足够的科学思维和具体业务能力。因此,学生在上学期间,就应积极为就业做准备,在课余时间进入企业实习,积累基层工作经验,锻炼自己的实践能力,这样在求职时才更有优势。这些学生也能在进入企业后快速走上管理岗位。

(二)工商管理专业的就业选择

(1)营销管理类,相关职位有市场分析员、销售员、售后服务工程师、销售主管、销售经理、销售总监等。

市场营销岗位入行要求低、高端营销岗位收入丰厚,而且市场需求量大,每年都吸引了大量的管理专业毕业生。相对其他专业的毕业生,工商管理专业的毕业生在与市场营销相关的市场管理及项目策划领域更能有出色的表现。面对激烈的行业内竞争,销售人员需要具备更为专业的素质和技能,因此,需要毕业生和准毕业生根据自身的职业定位和兴趣爱好,选择某一个行业的某个领军公司作为切入点,深入研究其销售模式、销售渠道、促销手段及经典的营销案例,有意识地培养自己的心理承受能力和沟通能力。

(2)行政管理类,相关职位有总经理办公室秘书、行政管理、财务人员等。

行政管理类工作岗位主要负责的内容有公司年度运营方案的策划及推进，运行方案实施情况的监控、评价及持续改进。此类岗位要求从业人员对公司的总体运作、竞争对手、同内外大的环境变化等比较熟悉并具有一定的敏感度；对个人的组织能力、沟通能力及常用的统计分析工具的熟练使用程度有一定的要求，最好能掌握SWOT、标杆管理、企业营运等方面的知识。但是对于初入职场的应届毕业生，由于没有技术背景和管理经验，往往难以胜任。为此，很多企业会考虑安排管理专业的新员工下到基层部门接受实践锻炼，以积累进入管理层所需要的经验。作为走向管理岗位的过渡期，这一阶段的工作会比较庞杂、辛苦。作为初入职场的新人，认真观察、踏实做事、不怕辛苦、注重积累，才能为日后的工作积蓄力量。

（3）人力资源管理岗位，如招聘专员、绩效专员、培训专员等。

一般大中型企业内部都设有人力资源部，主管企业的招聘、员工培训、绩效考核、薪酬管理、人事调度等具体工作。工商管理专业下设人力资源管理方向，而且开设了如人力资源管理、组织行为学等课程，也为工商管理专业的毕业生和准毕业生开辟了一条就业渠道。

具有一定工作经验的人力资源岗位的高级管理人员比一般管理人员更容易成长为职业经理人员，因此，对于致力于从事这一岗位的工商管理专业的毕业生和准毕业生，不妨多利用实习机会，尽量争取能够进入大公司的人力资源部，熟悉招聘、培训、考核等日常工作流程，以及一些简单而实用的工作技巧。

（4）质量管理岗位，如质量体系工程师、供应商质量工程师、认证工程师等。

一般来说，从事质量管理岗位需要具备一定的技术知识。目前，国内该岗位就业前景不错，薪资待遇也还可以。但要真正从事这一岗位的工作，就需要掌握相对丰富的知识，如质量管理体系、3C认证、全面质量管理、统计分析学、供应商管理等。

因此，致力于从事质量管理岗位工作的工商管理专业毕业生和准毕业生，首先需要认真学习课程内的理论知识，同时多参加一些制造型企业的实习锻炼，不断积累经验。

（5）物流管理类岗位，如报关员、跟单员等。

企业生产出产品，需要利用物流将产品发往各地，可以说，企业整体的经济效益是离不开物流的。物流管理也成为企业"第三个利润源"，创造出地点效用。

物流管理是否有效，直接关系着企业的产品销售、服务质量、用户评价等，关系着企业的生存和发展。

除了管理工作经验，物流管理人才还需要具备全面的物流、国际贸易、法律等专业知识和技能。对于涉及进出口的物流管理工作，还需要具备外语能力和国外人文法律知识。因此，学生在大学期间就可以进行全国报关员和跟单员的知识学习，提前熟悉物流管理的相应工作。

（6）项目管理岗位，如项目管理职员、项目经理等。

项目管理岗位就是在项目中运用已有的专业知识、技能和方法，让项目能够在有限条件内，在规定时间内，达到一个完美的完成状态，实现设定的需求。项目管理是管理学的一个分支学科，是对一系列目标活动进行的整体监测和管控。项目管理包括以下流程：策划—计划进度—完成—维护。一个合格的项目管理人员是一个优秀的资源整合者，他需要整合知识和人脉两个方面的内容。知识包括人力资源管理、风险管理、成本管理、财务管理、质量管理等专业知识，人脉包括供应商、工程师、专家、品质老板、产线老板等。这些都是项目管理人员未来发展的良好资源。

（7）管理咨询类岗位，如管理咨询师。

一般来说，企业在竞争激烈的环境下很难承担决策失败的风险，所以需要专业的外部独立视角来对企业的管理决策做检验，这也是管理咨询行业存在的需求基础。

管理咨询师是一种职业，其价值在于其专业的独立分析判断能力，当然在具体业务中往往是管理咨询团队而非个人。

从事管理咨询工作往往需要较强的调查和分析能力，而且需要对相关行业领域有较为深刻的认识，因此，本科毕业生独立从事管理咨询工作的机会相对较少。但目前已经有越来越多的本科生进入管理咨询行业，从助理做起，通过参与服务项目提升自身的能力，最终走上管理咨询师的岗位。因此，对于致力于成为管理咨询师的工商管理专业的毕业生和准毕业生，需要不断加强理论学习，而且要经常进行思维和写作锻炼。

（8）培训师岗位，如企业培训师、职业培训师等。

培训师，是指讲授具有职业针对性的专业知识，以企业和市场的最新发展状况为基础，结合就业形势，利用现代教学方法与手段，策划开发新职业的培训项目，制订培训计划，以满足企业用人需求的人员。培训师除了教学之外，还可以进行培训咨询。

新事物的不断出现，也催生了众多新兴行业，带动了对于新职业人才的需求。很多新职业岗位人员都是从基础岗位调任的，他们已经具备了相应的管理能力，也具备最新的满足市场发展需要的各种知识。企业培训师和职业培训师是培训师市场上的两个大类，这些人可以通过成为企业培训师或职业培训师，将自己的知识、经验和技能传授给其他人，在获取收益的同时推动新行业的发展。

要想成为一名合格的培训师，除了要不断研究工商管理专业的基础知识，还应当不断积累实践经验，了解行业发展的最新状况，能根据不同企业、行业的需求，制订教学计划，开发培训课程。同时，正确的培训方法和培训工具也必不可少，培训师都应当熟练掌握使用方法。

第五章　高职工商管理专业"订单式"人才培养模式的发展

第一节　高职工商管理专业"订单式"人才培养的发展背景

　　高职工商管理专业，是当前高等教育发展的新事物。过去几十年，国家对高等教育事业的投入逐年增加，但是对于高职工商管理专业的投入较少，对大专、职业教育的发展重视不够。在很长一段时间里，社会与企业对于高职工商管理专业毕业的学生重视不够，很多企业在招聘中直接规定"要求本科以上"，部分企业虽然招聘大专生，但是由于对大专生的歧视，凡是大专毕业的学生的待遇都比本科生低一截，企业在用人的时候并不是按照员工的能力给予提拔，而是纯粹追求学历学位的高低。

　　随着国有高等教育事业的快速发展，在与名校本科、独立学院、民办高校以及海外高校竞争，高职工商管理专业如何完善自身的人才培养模式，为社会与企业输送优秀、综合素质较高的大学生，始终是其当前发展要重点思考的问题。"订单式"人才培养，是当前高职工商管理专业比较流行的人才培养模式，这种方式在实际办学中，能够根据学生实际情况以及企业基本状况，培养具有针对性的人才。订单式人才培养模式，有助于为企业与社会培养合适的员工，创造更多的经济价值，为社会做出更大的贡献；有助于高职工商管理专业重新调整自身的人才培养的思路，全面提升高职工商管理专业毕业生的就业率以及就业质量，最终有助于全面提升高职工商管理专业的形象和地位，促进学校招生规模的持续增长。例如广东轻工技术职业学院，每年的高考录取分数接近本科线甚至超过本科线，就业率始终在整个广东省名列前茅，远远超过许多本科院校。为什么一所普通的高职院校能够取得如此傲人的成绩呢？主要原因是在很早之前，该校就与许多企业合作，开始了"订单式"人才培养模式的探索，如今该校的人才培养模式已经走向成熟。另外，"订单式"人才培养模式，还有助于全面提升高职学生的综合素质。

一、高等教育事业发展

随着高考制度的恢复，我国高等教育事业开始新的调整，迎来了自己的春天，特别是改革开放之后，中国的高等教育事业发展得到了空前的发展，从20世纪80年代开始，中国的高职大专教育成为了高等教育事业中的重要部分。在那个年代，国家实行就业统一分配制度，不管是本科生，还是高职学生，甚至是中专毕业学生，毕业找工作不用发愁，国家统一分配。而很多人就有机会分配到自己老家，特别是学师范、学医学的，许多学生毕业之后都被分配到自己家乡从事教育、医疗行业，其实"订单式"的人才培养模式在那个年代已经开始萌芽。

教育是民生之本，教育是人才培养的根本途径。俗话说，教育强则国强，教育弱则国弱。当今美国等国家强大，很多时候是因为该国的教育事业较为发达。虽然美国是一个殖民地国家，只有几百年历史，但是这几百年来，该国的教育事业发展迅速，特别是高等教育事业发展水平，更是远远领先于其他国家。如今在世界前100名的高校中，美国高校占领了半壁江山，哈佛大学、斯坦福大学、麻省理工学院等高校更是名列世界前茅，是全球无数学子梦寐以求的大学。如今美国的受过高等教育的人数也是排名靠前，个别州拥有学士及以上学位的公民已经超过70%，可想该国高等教育水平非常高。

而我国高等教育，在过去，是根本无法跟美国、英国等国家相比的，以往很多中国公民为了接受更好的教育，都选择到国外留学，这批留学生很大一部分是具有潜力的人才，这无形是国家高等教育的一大损失。而我国的高职教育，以往地位更是十分低下，许多国外高校根本不承认我国的高职教育学历。但是随着改革开放的步伐，我国的大学教育发展迅速，高考录取人数逐年攀升。据相关统计，20世纪80年代的我国高考录取率不到10%，其中包括高职工商管理专业及大学专科。虽然这几年陆续有不少高考学子放弃读大学，选择到职业学校进修，但是如今每年的大学应届生毕业人数仍超过800万，而在校大学生人数达到了3000万，已经超过了美国等发达国家，排在全世界首位。这部分人群中，有很大一部分是高职学生。庞大的大学生规模给当前就业带来巨大压力，与本科生如何竞争，是高职学校及学生重点思考的问题。"订单式"人才培养模式就是在这种背景下产生的。

二、科学技术持续发展，信息互联网开始普及

科学技术是第一生产力，人类社会的发展离不开科学技术的发展，离不开生产力的进步。早在18世纪，英国科学家瓦特发明第一台蒸汽机，将人类带进了新的世界。第二次工业革命，电力的发展，更是给全球的工业发展提供了极大的支持。而影响人类活动的最深远的是第三次工业革命，特别是当人类历史上第一台计算机在美国高校诞生时，全球各行各业的发展都出现了新的机遇。信息技术的发展，互联网的普及，大大促进了全球经济的发展，也为高校的发展提供了契机。

21世纪，信息技术与互联网开始普及，如今各行各业都离不开信息技术及互联网的支持，高职工商管理专业可以借助现代信息技术及时跟进把握我国经济发展规律及前进趋势，促进高职工商管理专业强化人才培养的针对性。例如在信息化大环境下，高职工商管理专业实行"订单式"人才培养，能够借助现代信息技术及互联网进行交流。例如，学校与企业之间可以搭建一个沟通平台，可以让企业通过平台给学生传输学生在其单位实习的情况，十分方便有效，有助于高职工商管理人才的快速上岗，使其短期内能够适应岗位的需求。信息技术与互联网是一把双刃剑，一方面能够促进高职工商管理专业的发展，推动社会的进步，另一方面也带来了一定弊端，特别是给当前就业带来一定挑战。众所周知，信息技术的进步会取代人类从事各种劳动，物联网、人工智能的发展更是让许多劳动者都丢了工作，例如，制造业最发达的德国，宝马、奔驰等汽车生产线已经实现了全自动管理，机器人已经替代了人类从事电脑操作、搬运等工作。作为高职工商管理专业，又该如何面对这些挑战？信息化时代下，实行"订单式"人才培养模式，有助于加强学校与企业之间的沟通，学校从企业处获得更多的资源与信息，有助于培养人才的针对性及职业定向性，比较有效地解决高职学生就业困难的问题。

三、经济全球化的趋势

早在20世纪40年代以来，世界各国的合作交流变得更加紧密。经过几十年的发展，经济全球化的速度更快，特别是互联网的普及，更是让整个世界的经济紧密相接。经济全球化一直存在争议，从有利的方面看，经济全球化能够促进我

国与世界各国的交流，加强经济上的交流与合作，有助于全面提升我国的国际地位，更有助于促进我国国际贸易的发展，最终全面提升我国经济水平。经济全球化为大学生就业提供新的机会，越来越多的大学生开始拓展自身国际化视野，个别优秀的学生也开始走向世界。但是从缺点上看，全球经济联系在一起，风险变得更加集中，只要有一个国家的经济出现较大危机，都会波及其他国家，给其他国家经济及就业带来严峻的考验。例如2008年美国华尔街的次贷危机，从雷曼兄弟破产，到全美金融业瘫痪，我国金融行业也受到了严重影响，许多学经管的学生不得不面临转行，而银行、证券等金融机构也开始大量裁员。可知，经济全球化具有两面性，利弊相对。

而经济全球化为高等教育事业的发展提供了机会，例如受到全球化的影响，越来越多国外高校与国内高职院校签订人才合作培养协议，为许多高职学生出国留学提供了各种机会，当前的合作办学，不仅有"专插本"，还有直接"专升硕"等服务。也就是在国内读完大专，可以直接到英国读硕士，跳过了本科这个阶段。经济全球化对高职工商管理专业毕业生就业方面影响更大，在中国加入WTO之后，越来越多的外资企业在中国设立分公司或者开设工厂，每年招收了不少的高职毕业生从事工商管理等工作。越来越多的高职院校与外资企业签订了人才合作培养协议，虽然并非所有学生都能进入大企业，但是这种人才培养模式，确实有助于全面提升高职工商管理专业学生的综合素质，假如学生到大企业实习一段时间，将会学习到前沿的行业技术以及先进的管理经验。随着经济全球化趋势的发展，高职工商管理专业"订单式"人才培养有了更多的计划，越来越多的大学生有机会到日本及欧洲国家等地方工作，有助于开阔学生的视野，培养学生全球化思维。

四、社会对技术技能人才需求的趋势

我国高校应届毕业人数排在全球首位，如此庞大的大学生规模，虽然为企业及社会输送了大量的高学历人才，却给当前就业带来巨大压力。纵观每年的毕业季，各大城市的人才市场人山人海，十分拥挤。据一些学生反映，个别公司的摊位要排队几个小时才能将简历递上去，而接下来还要面临简历筛选、面试考核、笔试考核等，可知要找到自己满意的工作是多么困难。高职教育的学生就业，其实更多时候都在处于尴尬位置，一方面自己的学历水平及理论水平确实不如本科生,另一方面,自身的动手能力、技能水平又比不上技工,因此在找工作的时候,自身难以找到合适的定位。随着高校的扩招,企业对于高学历人才的需求开始下降,特别是对于理论人才、管理人才的需求开始减少,而这方面人才主要是从本科生、研究生中招聘,这几年正是由于理论人才需求的下降,影响大学生的就业。而随着我国制造业的恢复以及高新技术行业的发展,社会与企业需要更多高技能型人才。据媒体报道,一些企业用月薪10万招聘高技能人才都难以招到,这几年部分大公司开始到高职学校招聘人才,用人单位反馈现在本科生虽然学历水平与理论水平比较高,但是在一线岗位中他们动手能力却不足,特别是在开展一些具体工作的时候,高职学生会更得心应手。另外对于企业来说,本科生的期望薪资起点较高,而大专生的期望薪资相对较低,因此雇用本科生的成本会高很多,这也是高职学生比本科生就业率要高的原因之一。

高技能型人才的培养,虽然高职工商管理专业有一定的优势,但是许多学校没有清晰的人才培养模式,一些专业的设备比较落后,师资力量比较薄弱,最终培养出来的学生与本科生没有任何差别。针对这些情况,高职工商管理专业采用"订单式"人才培养管理模式,有助于推动高校校企合作人才培养模式的发展,促进人才"走进来""引出去"相结合,高职学校不仅可以邀请合作企业的管理人员担任学生的职业导师,给学生职业规划做一个清晰的引导,还可以聘请一些企业管理人员担任学生的实训教师,给学生讲授最实用、最先进的行业技术。另外,通过"订单"式人才培养模式,将学生送到定向企业实习实践,有助于全面提升学生的实践能力,同时有助于培养学生的社会交往能力,让高职学生赢在起跑线上。以培养高技能人才为目标的高职工商管理专业,不能关起门来传授知识,如果与企业缺乏沟通对接,最终培养的人才将技能有限,社会适应能力非常薄弱。很多高职院校,由于国家投入的资金较少,自身的收入也不多,因此没有足够的资金去购买先进的设备。例如某民办高职工商管理专业,该学校的计算机室电脑还是旧型号的,电脑运行速度非常慢,学生在上课的时候,经常出现死机的现象,严重影响了正常的教学活动。而一些高职工商管理专业的办公设备都十分落后,实训室有限,无法满足几百人的专业使用。

"订单式"人才培养模式恰恰为高校解决了这样的难题。通过"订单式"人才培养,有助于降低高职工商管理专业的教学成本,特别是在实训教学方面的投入会大大减少。同时,与大企业合作,有助于提升自身的知名度,改变自身的社会形象，更有助于打造自身的专业品牌优势。

"订单式"人才培养模式的发展和应用对于学生而言也是一件非常有利的事情。在激烈的就业竞争中，高职学生始终在学历上是弱势，若自身技能不具备优势，将难于超越本科生。"订单式"人才培养模式的应用，不仅让高职学生有机会进入国内外大企业实习工作，同时有效提升学生技术技能水平。

"订单式"人才培养模式的应用，对于企业来说也是一件好事。当前企业容易出现用工荒，也有部分单位出现人才流失严重的现象。借助"订单式"人才培养，能够为企业预订充足的员工，同时吸纳高职学生到本企业实习，能够降低企业的用人成本，提升资源的利用效率。

第二节 高职工商管理专业"订单式"人才培养的理论基础

"订单式"人才培养又称为"人才定做"，主要是指教育机构或者培训单位，针对当前个别企业需求人数不多、岗位不集中的实际状况，自己培养开发并经过劳动保障部门批准后组织明确就业岗位去向的学历培训或者技能培训。"订单式"人才培养应用多年，为企业与社会培养了不少优秀人才，那"订单式"人才培养的理论基础又是什么？

一、国外方面的理论

其实在国外，并没有"订单式"人才模式等概念，例如德国称为"双元制"，而在美国是"校企合作"。

从德国"双元制"看，所谓"双元"，主要是指凡是参加培训的公民都一定要参加两个方面的培训，一方面是学校培训，主要是学习相关的专业知识，特别是理论方面的知识；另一方面是必须要到企业或者政府部门及公共单位进行校外实践培训，目的是为了能够让学生学习到扎实的职业技能。这种"双元制"模式，在德国应用十分广泛，这也是德国技术人才培养的重要途径，这些年被我国许多大企业采纳。当前的"订单式"人才培养模式很多时候就是从德国的"双元制"发展而来。"双元制"是根据一定的法律基础而制定的，德国拥有健全的职业教育法体系，在法律中对企业、学校都有明确的规定，政府也设立了职业教育场所，这与德国大学教育有一定差别。"双元制"是用人单位与相应的职业学校一起实现的职业教育，它强调了人才培养要立足企业的需要，用人单位需要多少人，就应该培训多少人才，同时强调了要以技术技能为主，考试考核也是强调技能的考核，这与普通大学的人才培养方向是不一样的。

德国"双元制"具有比较明显的针对性，这也是当前"订单式"人才培养的重要特征。在"双元制"的人才模式下，参加培训的学生会利用很多时间在单位参加实践技能的学习，一般来说，在企业学习能够接触先进的设备，学习到实用性较强的技术，在培训结束后，学生能够马上上岗工作，具有一定针对性。

"订单式"人才培养是"校企合作"模式在中国高等教育人才培养中的应用。从国外的理论文献上看，"校企合作"的表述方式非常多，有十几种表述。总的来说，"校企合作"强调的是用人单位、学校的合作。"校企合作"并不是一个简单的概念，它有着丰富的理论内涵，它强调了学校与单位在人才培养、科研、产品开发等领域的合作行为。"校企合作"的理论来源在国外最早可以追溯到16世纪，英国著名的空想家托马斯提出了劳动教育的人才培养模式，这是"校企合作"萌芽，他在其著作《乌托邦》中强调了劳动教育的重要性，在其思想中强调儿童在进行初等教育的时候，不仅要在公社接受农业理论知识的教育，同时要到农村从事农田实践，理论与实践相结合才能培养出从事农业劳动的人才。而17世纪的配第在其研究中提出了要成立"劳动学校"的计划，英国著名学者贝勒斯在其研究中倡导英国建立工业学校，是"校企合作"在英国发展应用的新尝试。在其研究文章中，提到了劳动学院就是生产合作体，这一方案后来被马克思称为"结束现行教育与分工"。

"校企合作"的理论依据是"系统论"，根据系统论的观点，机制是指一个系统运行各组成要素之间相互影响、合理制约，让系统整体良性循环、有序发展的规则、程序的综合。而对于"校企合作"来说，企业与学校之间的合作交流、相互促进是实现双赢的运作模式。

"校企合作"的运行机制，不仅有内部机制理论来源，还有外部机制理论来源。从内部机制看，有利益相关者理论，这是20世纪60年代诞生于西方的经典管理学理论。所谓利益相关者，通俗来说，就是与实现企业目标相关的个人及组织，这个理论的本质强调了校企合作、必须寻找到了双方契合点，寻找到双方的共同利益点，体现了高职学校与单位之间有利益矛盾，但是在双方自愿的前提上达成合作意愿。当前的"订单式"人才培养模式，强调了企业与学校之间的共同利益是双方合作的动力机制。因为"订单式"人才，不仅有助于协助高职工商管理专业培养高技能人才，提升高职工商管理专业毕业生的就业率及就业质量，而且对于企业来说有助于缓解自身劳动紧缺的压力，更可以增加高技能人才的储备，以防人才流失给企业运作带来各种问题。

"订单式"人才培养的另一个理论依据更可以是协调机制。所谓协调机制，是公共治理理论的重要内容，它强调在管理主体多元化的合作过程，完善政府与社会关系的协调机制才是有效的管理，有助于减少双方的冲突，为当前的"校企合作"以及"订单式"人才培养提供了理论基础。协调机制理论下，高职工商管理专业要重点思考自身在合作中能够为企业提供哪些服务，能够给企业带来哪些便利，而企业也要重点思考能为高职工商管理专业实践教学提供哪些职位、提供哪些设备等，这些问题都需要双方不停协调与沟通。根据协同论的观念，系统内部各个要素相互合作，团结工作，这样能够实现"1+1＞2"的效果，而"订单式"人才培养，与协调的目的一样，要寻找学校与单位最佳融合点，这样有助于强化"订单式"合作的针对性与科学性。

高职工商管理专业"订单式"人才培养，双方交流合作的基础是双方之间的资源依赖。根据著名的资源依赖理论，高职工商管理专业的教师与学生以及企业的管理人员、技术人员都是构成人力资源的内容，而企业提供的设备、场所以及高校提供的培训都是物质资源。高职院校提供科研资金、企业的资助资金都属于丰富的财力资源。另外，双方还有丰富的信息资源，例如行业市场数据、技术开发信息等。高职院校与企业都有对方所需要的资源，这是双方合作的基础及条件。

"订单式"人才管理相关的另外一个理论是社会网络理论，强调了高职工商管理专业与企业的合作，要以人与人之间的感情作为前提，双方感情的稳固是双方长期合作、稳固发展的前提条件。

从外部机制看，"订单式"人才培养首先要遵循导向机制。所谓导向机制，最早是指政府为促进高职工商管理专业发展，通过明确工学结合、校企合作去兴办高职教育的指导思想，旨在构建以政府为主导的合作体系，为社会的"订单式"人才培养营造公平公正公开的氛围，有助于促进校企合作的有序、健康发展。另外一个外部机制，是约束机制，也就是强制政策。"订单式"人才培养模式中，高职工商管理专业与企业之间并非完全自由自愿的，双方要遵循一定的约定，在约定中要明确双方在合作中的权利与义务，双方甚至有人才培养合同的制约，有了合同的约束，有了法律的保障，才能促进"订单式"人才培养模式的发展。最后，"订单式"人才培养模式的理论还来源于企业管理学中的激励机制，强调了政府对于"校企合作"的高校及企业提供资金支持、减免税收等优惠政策，有助于调动企业与高职院校合作的积极性。

二、国内关于"订单式"人才培养理论文献

"订单式"人才培养，是当前高职工商管理专业新兴的一种人才培养模式。随着在实践中的广泛运用，这种人才培养方式也开始走向成熟，慢慢发展成为校企合作的重要形式。国内学者卢丽明在《高职"订单式"人才培养研究》中提到了"订单式"人才培养得到了国家政策的支持，强调了推行工学结合，实现校企合作，进一步促进高职教育的规范化。在研究中，学者提到了这种人才培养模式具有较强的针对性。另外一位学者刘珊提出了"订单式"人才培养是具有丰富的理论基础，是当前高职工商管理专业独创的全新教育人才的培养模式，学者通过大量的例子与实证论述了"订单式"人才培养具有很强的针对性与科学性。但是由于"订单式"人才培养模式依然处于尝试阶段，因此存在一系列问题，需要构建完善的监督体系，促进双方有效合作，学校要发挥立足企业、服务学生的作用，而企业发挥培养人才的作用。魏慧敏在其《订单式人才培养模式的主要类型及推进措施》中，提到了"订单式"人才培养模式是促进"校企合作"的有效途径之一，根据约束机制，"订单式"人才培养模式要求双方有明确的约定，例如课程设置、教学内容、约定管理制度。管友桥在其研究中提到了国内的"订单式"人才培养模式主要是源自美国的"校企合作"，这两种模式本质上是一样的。李开学在《"订单式"人才培养模式初探》中提到了"订单式"人才培养模式并不是偶然出现的，而是高等教育改革发展的必然产物，这种人才培养模式，对单位、学校以及学生三方有利。他在研究中提到了，用人单位将在整个人才培养方案中参与制定规划，强调了高职院校可以引进一些优秀的企业管理人员或者技术人员担任学生的校外导师，为学生顶岗实习提供指导与帮助。在"订单式"人才培养中，企业为高职工商管理专业学生提供相应地实训设备及场地，甚至给予部分贫困学生奖励及帮助。有学者提到了"订单式"人才培养有三大内容：

首先是要选择及确定高职工商管理专业意向合作的单位。随着经济的发展，国内的企业数量越来越多，各类企业五花八门地出现在市场中，高职工商管理专业要根据自身实际情况，选择合适的企业，切勿有一步登天的想法，更不能有盲目合作想法，否则给学生带来不必要的麻烦。例如某高职工商管理专业为了提升就业率，与多家企业签订了"订单式"人才培养协议，但是该校没有对企业的合法性进行资质核查，最终造成学生舆论——"学校把我们安排到黑心的企业里"。

其次，双方要签订订单协议，协议是保障双方权利的凭证，也是约束双方行为的依据。高职院校与企业签订合同，要始终遵循国家宪法及相关法律，合同的条款不能违背国家的相关法律。

最后是组织实施订单人才培养，要始终坚持公平公正的原则，学校要始终向学生详细介绍企业的基本情况，也要向企业介绍学校的培养过程以及培养方案。有学者在研究中重点提到了确定合作单位的时候，要深入该单位进行调查，详细了解该企业的经济效益、发展前景等，要选择那些可靠具有较强发展潜力的企业作为合作对象。

另外，高职工商管理专业要了解企业相关岗位的要求，预测企业人才需求的数量，在深入调查了解的基础上，招收合适的"订单班学生"。例如某高职工商管理专业与美的集团合作，实行"订单式"人才培养，为了保证人才的质量，安排了教师到美的集团人力资源部实践了一个月，通过一个月的学习，将该企业的规章制度、管理架构等了解清楚，为将来学生到美的集团实习提供了实用性的参考。

第三节 高职工商管理专业"订单式"人才培养的内涵

"订单"最初源自商业活动，通俗来讲，它就是买者与卖者之间签订的一种合同，其目的是有效反映市场需求，引导企业进行科学合理的生产，有助于避免浪费现象。"订单式"管理的概念最早出自生产过程，也就是根据客户的具体化需求开展生产活动，有效、及时、科学地调整产品与服务的供应方式，这种方式后来被称为"订单式"。早在20世纪90年代，我国市场经济发展迅速，而人类资源也慢慢走向市场化配置阶段，高等院校的办学也逐步放开，摆脱传统体制的约束。为了适应市场经济发展的规律，高职工商管理专业就要改变传统的人才培养方式，放弃过去那种统一分配的做法,在人才培养中,将"订单式"生产模式引进高等教育,并强化"订单式"在人才培养中的运用。经过十几年的发展,"订单式"人才培养已经成为一种成熟的模式,它强调的是高职院校与相关企业发挥各自的优势资源,双方签订合同或者进行约定,高职工商管理专业竭力根据用人单位需求,不断完善课程设置结构,明确人才培养目标,而企业最终为高职工商管理专业学生提供针对性的岗位。双方之间存在着紧密的合作关系,双方共同制订、设计人才培养方案,而企业也全程参与到高校的人才培养过程中。"订单式"人才培养模式,更多应用在工科、机电类专业,因为这些专业涉及的技术技能都比较强,仅仅依靠高职工商管理专业的专业教师难以达到人才培养的目的,同时这类专业的教师需要一定的硬件设备及实训场所,这些都需要企业的支持与帮助。

总的来说,"订单式"人才培养内涵有以下几个方面:

一、人才培养方案由高职学校与企业双方共同制订

以往的人才培养方案,由学校自己制订,政府、企业等都无权参与。而"订单式"人才培养模式,强调双方之间合作,因此在整个人才培养中,企业与学校都参与到其中,双方都要为人才培养出谋划策。简单来说,高职工商管理专业为学生提供理论知识以及实训知识教学服务,而企业为学生提供实习实践等服务。作为用人单位不仅与高职院校签订协议,更要承担接收学生到企业工作的任务。在国内的"订单式"人才培养模式实践中,有部分企业未遵守承诺,在规定时间未招收相应学校提供的人才,这将会受到协议的制约。另外,企业要对招收到的学生进行强化培训,开展学生的技术技能培训、岗位知识培训,这有助于学生在短期内尽快上手,强化学生社会适应能力。

二、"订单式"人才培养模式三个主体,学校、用人单位以及学生

以往很多人对"订单式"人才培养或者"校企合作"有一定误解,认为人才培养仅仅是学校与用人单位之间的合作。其实,学生也是这种人才培养模式的重要主体。在素质教育理念流行的今天,以人为本理念在教育行业也开始普及,教育要始终坚持以学生为主体的,要尊重学生的个性与自由。虽然学生不会直接参

与到"订单式"人才培养方案的决策中，但是高职工商管理专业在日常订单班的学员招生中，要始终认真考察学生的兴趣爱好、优势、劣势，不能强制将一些优秀学生拉到订单班，要始终遵循学生意愿。其次，虽然订单班的学生最终主要是到企业工作，但是假如学生经过三年学习，发现自己并不适合到相应企业工作，高职院校也要对学生进行调整，不强制学生。作为学生，到用人单位实习，有权利获得相应的实习报酬，虽然高职院校在人才培养中做出了贡献，但这也是其办学的义务，学校不能以此理由去扣押学生的实习工资，不能从中谋利，否则将受到处罚。而作为企业，要将学生当成真正的员工对待，不能无故增加学生的工作任务，更不能随意延长学生的工作时间，企业要按时给学生发放劳动报酬，不能侵犯学生的权利。

三、"订单式"培养的关键是人才规格的"适销对路"

"订单式"人才培养模式的最终目的是培养"适销对路"的人才，为企业及社会做出贡献。可是在实践中，人才培养效果始终不理想。很多高职工商管理专业在人才培养中，仅仅追求数量而忽视质量。在招收订单班的学生的时候，大规模招生，甚至有些专业达到几百人，规模如此庞大的订单班，需要高职院校与企业长期"消化"，短短三年根本无法实现，最终订单班的学生与普通班的学生没有任何本质上的差别。因此，"订单式"人才培养的关键是人才规格的"适销对路"，要为企业培养出合适的、具有针对性技能的人才。例如某职业学校的城市轨道专业，与该城市的地铁公司签订了"订单式"人才培养协议，该职业学校与地铁公司共同制订了该专业的人才培养方案，学生刚入大学时就有机会到地铁站实践，提前学习地铁站的工作制度及服务知识。而地铁站也借助学生的力量，进一步扩大自身的队伍，帮助自身解决人力短缺的问题。尤其是在寒暑假、地铁站的高峰期，有志愿者的协助，会大大减轻地铁站的压力。通过这样的人才培养模式，高职工商管理专业最终为地铁公司输送了大量的人才。

四、"订单式"培养模式强调教学与实习同步进行

以往的人才培养模式，都是前面进行理论知识教学，后面进入实习阶段，两者独立分开，互不干扰，这样的人才培养模式难以提升学生知识的应用能力，很

多学生前面学的知识，到毕业时基本都忘记了，到了岗位又要重新去复习。"订单式"人才培养模式，刚好解决了这个问题，它强调了在人才培养过程中，高职工商管理专业可以随时安排学生到企业实践学习，这样能够让学生快速将理论知识转化为应用能力，甚至转化为生产力。另外，在日常教学中，高职工商管理专业可以邀请企业技术人员给学生开展实训教学，传授先进的设备知识及丰富的技术经验。通过实习，学生可以迅速掌握行业的技术，及时反思自身理论专业知识是否扎实。因此，"订单式"人才培养模式强调了教学与实习同步进行，解决了两者分开带来的弊端。

第四节 高职工商管理专业"订单式"人才培养的优越性

一、有助于企业选拔合适的人才

21世纪是竞争十分激烈的时代，当前激烈的竞争本质上是人才的竞争。人才是社会发展的最根本动力，是企业前进与发展的最重要资源之一。没有优秀的人才，任何企业都难以发展。随着市场经济的发展，国内企业越来越多，为老百姓提供了更多的就业机会。此外，随着国家高考以及研究生的扩招，高学历人才也越来越多。过去，不少的中国公民选择到国外留学，但是很大一部分"海归"感觉国外经济形势不好，都选择回国就业。因此，在用人单位面前，不仅有来自国内名校的大学生，还有来自海外留学的人才以及社会跳槽的求职人员，面对各个群体，企业应该选择什么样的人才，是其重点思考的问题。前几年，很多企业为了提升自身知名度，在招聘过程中，始终强调名校的重要性，招聘优秀"海归"和"985"高校毕业生是许多企业的招聘要求，可是当企业花了大量成本去录用这些人才，才发现这种投入并不值得，许多所谓名校的学生在实际工作中并没有表现出自己的优势，从事技能技术型工作更是难以上手，部分高学历人才只会写东西，却不会实践，是典型的纸上谈兵。"订单式"人才培养模式下，高职工商管理专业根据企业的要求及特点，设置专门的课程，制订具有针对性的人才培养计划。

二、有助于拓宽就业渠道，提升高职工商管理专业学生就业率

很多人读大学，最现实的目的是寻找一份理想的工作。但是随着高校的扩招，大学毕业生人数逐年上升，还有大批的留学生回国就业，因此就业竞争非常激烈。当前大学生的就业渠道，主要是通过网上投简历，或者参加各种大小型的人才招聘会。这些就业途径，虽然在一定程度上能够快速找到一份工作，但是由于大学生对该企业该岗位不熟悉、不了解，很多时候进去工作了才发现自己非常不适合，最终也会在短期内跳槽，这也是大学生入职三个月跳槽率高的原因。"订单式"人才培养，有助于拓宽学生就业渠道，参加订单班的学生，可以说是有一条后路，多一项选择，订单班的学生毕业之后不愁找工作，可以直接到相应的企业上班。因此，高职工商管理专业开设订单班，有助于提升本校学生就业率。另外，当前大学生就业率低，主要原因是大学生就业观念比较陈旧，很多学生都希望留在大城市工作，因此大城市挤满了大学生，就业形势十分严峻。"订单式"人才培养，有助于缓解大城市的就业压力，同时有助于提升高职工商管理专业毕业生的就业率，最终也有助于提升高职工商管理专业人才培养的质量。

三、有助于提升高职实训教学水平

培养技术技能型人才，是高职工商管理专业人才培养的特色，也是国家对高职院校办学的要求。国内高职院校数量很多，这些高职院校有的有几十年办学经验，属于国家示范性的职业学院，也有才办学两年的民办院校，缺乏办学经验。一些民办高职院校，由于缺乏充足资金，专业教学没有实训场所，教学设备比较陈旧落后，严重影响日常的实训教学，部分学校甚至让本校缺乏实训经验的教师去担任实训教学任务，这样的教学模式严重影响人才的培养，难以提升学生的技术技能水平。"订单式"人才培养模式，能够为高职工商管理专业进行实训教学提供充足的设备及场所，同时可以解决高职工商管理专业实训教师紧缺的问题，大大推动高职工商管理专业实训教学的改革，全面提升高职工商管理专业实训教学水平。

四、有助于实现资源共享，促进双方的长期合作

"订单式"人才培养模式，有助于实现双方的资源共享。高职工商管理专业与企业合作，不仅仅是为了定向培养人才，更是为了加强双方的感情交流，寻找更多的合作机会。例如，企业在招聘了大量职工后，需要课室开展理论教学，也需要理论教师承担教学任务，但是自身的条件有限，因此可以借用高职院校的课室和理论教师，保证培训的正常进行。另外一方面，高职工商管理专业在开展实训教学时，经常会遇到场地不足或者实训教师不够的现象，可以借用企业的车间以及设备室来进行实训教学，同时可以聘请企业的技术人员来担任实训教学教师，既能解决学校的问题，也能增加企业技术人员的工资待遇。通过"订单式"管理，企业还可以借助高职院校资源去推广自身的产品。例如某经营洗发水产品的公司，与某高职院校市场营销专业合作培养定向的营销人才。借助高职院校的平台，该公司将洗发水向学生以及家长销售，而且业绩不错。双方的长期合作，还体现在招生方面。"订单式"人才培养，用人单位可以协助高职工商管理专业进行宣传招生，例如企业员工可以介绍自己的亲戚朋友的小孩报读高职工商管理专业，而高职工商管理专业也可以时刻为企业输送各种专业人才，解决企业的人力资源紧缺的问题。

总的来说，"订单式"人才培养模式，有助于实现企业与高职院校资源共享，有助于发挥资源的使用效率，有助于降低企业以及高职院校的经营成本。对于学生来说，"订单式"人才培养，还能让他们有机会接触企业的高管，例如某高校开设了"移动定向班""阿里巴巴定向班"，高校邀请了企业高管到学校开讲座，这样为学生提供了近距离接触企业高管的机会。

五、有助于提升高职学生综合素质

当下是人才竞争十分激烈的时代，对于高职工商管理专业来说，怎样培养更具有竞争力的人才始终是其长期发展的重点课题。由于当前高职院校数量较多，招生规模较大，人才培养往往无法满足社会的需求，高职学生的素质始终得不到社会的认可，甚至有很多单位直接说"大专生素质太差，远不及本科生"。其实，高职学生的理论水平确实不如本科生，高职工商管理专业是以培养高技能人才为

目的的,可是许多高职院校并没有重视技术技能的培训,直接照搬本科院校的人才培养模式,个别高职工商管理专业甚至照搬北大、复旦等名校模式,培养一大堆理论研究人才,最终不能适应社会的需求。"订单式"人才培养模式,可以全面提升高职学生以下的素质:

首先,有助于强化学生的技术技能,能够快速提升学生的理论知识应用水平,将在学校学习到的理论知识快速运用到实践中,增强学生的实践能力。

其次,要有助于培养学生的社会适应能力,俗话说"有人的地方就有江湖",很多学生在学校接触的只有教师与同学,圈子比较简单,社会复杂的人际关系会让许多大学生难以适应,在各种所谓的"潜规则"面前,学生都无法灵活面对,进而导致他们跳槽。"订单式"人才培养模式下,让学生提前到企业中实习,有助于学生提前学习人际交往技能,最终提升学生的社会适应能力。

再次,"订单式"人才培养模式,有助于提升学生的书面表达能力与口头表达能力。当前高职工商管理专业学生在书面表达方面,始终不如本科生,若让学生业余到企业实践,协助公司整理各种文件,撰写各种材料,将有助于提升高职学生的书面表达能力。另外,学生在企业中,会跟不同人打交道,有助于锻炼学生口头表达能力,甚至有助于增强学生沟通能力。如果是在外资企业,还可以进一步锻炼学生外语口语能力,提升学生外语阅读水平、写作水平等。

最后,"订单式"人才培养,有助于培养学生吃苦耐劳的精神。当代大学生很多是从小娇生惯养的,刚进入社会要从事各种脑力劳动或者体力劳动,不停被领导批评,部分学生根本承受不住,甚至出现连工作都不要直接走人的现象。而安排学生到企业实习,有助于提前锻炼学生吃苦耐劳的精神。例如某高职院校物流专业,与一家快递公司合作,安排部分学生到快递公司实习,让学生体验快递员岗位的工作。"订单式"人才管理,还有助于培养学生的团队精神与合作意识。学生在企业实践中,很多时候是以小组成员身份参加各项工作,有机会培养自身的团队精神。在外资企业实习,还可以学习到国外的文化。

总的来说,"订单式"的人才培养模式下,学生的通用能力大大提升,将来就算选择到别的企业工作,也会得心应手。

六、有助于增加企业的活力

当前经济形势下,企业之间的竞争越来越激烈,尤其是信息技术的发展及互联网的普及，越来越多的网上企业开始进入市场，许多经营传统业务的企业受到了严峻的挑战，部分老企业由于缺乏活力，在市场竞争中显得力不从心。通过"订单式"人才培养模式，企业招聘一批年轻、有朝气的员工，这批员工虽然缺乏丰富的工作经验，或者技术技能还不够扎实，但是他们身上有着新的思想、新的理念。创新是一个民族进步的灵魂，也是一个企业兴旺发达的不竭动力。因此，企业要发展、要有活力，就要有新的思想。而应届大学生，他们身上始终精神饱满，时刻有新鲜的想法，随时可以为企业出谋划策。例如某传统汽车企业，在激烈的市场竞争中依靠质量取胜，但是公司的理念以及产品的设计依然比较陈旧落后，现有的在职员工虽然提出了许多修改建议方案，但是都没被采纳。偶然的机会，在一次新员工座谈会上，一位应届大学生提出了自己的看法，结果按照该员工的想法，公司重新对产品、广告、营销等方面进行了改革创新，公司最终以全新面貌在市场中进行竞争，并在销售中取得了不错的成绩。

第五节　高职工商管理专业"订单式"人才培养的实践探索

"订单式"人才培养模式，从最早的简单校企合作，到今天的双方高度融合，如今已经走向了成熟，国内的高职工商管理专业通过"订单式"人才培养模式取得了不错的成绩，就业率、招生、品牌知名度等指标都有所上升。而对于企业来说，"订单式"人才培养模式能够为企业招聘合适的年轻员工，为企业的发展做出了贡献。"订单式"人才培养的实践探索主要体现在以下几个方面。

一、构建了"2+1""订单式"人才培养模式

以往的人才培养模式，学校主要根据教学计划或者教学大纲安排日常教学。一般来说，高职工商管理专业正常是安排两年半的教学，而剩下半年是让学生自行找实习单位，学校对于学生的求职也不怎么管，以致学生从事什么岗位，甚至是否有传销等非法行为都无法预知。也有部分学生根本没有参加实习，毕业实习协议作假，因此这种常规性的人才培养是不管就业质量的，不能体现以学生为本

的理念。而"订单式"人才培养模式，最流行的是"2+1"。所谓"2"是指三年制的高职，前面两年在学校接受常规的理论教学，学习公共课程、必修课以及选修课，并取得相应的学分。在这两年中，学生还会自由参加学生会、社团组织以及志愿者等活动，全方位去锻炼自己。"1"是指一年的实习周期，主要是在第三年到企业进行实习。这种"2+1"模式，与传统模式不同的是，传统模式中学生的实习没有人监督与管理，因此学生能否在实习中提升自我，也无从考察。但在"2+1"模式中，学生是到定向企业实习，高职工商管理专业与企业也会签订相应的实习协议，安排相关的教师对学生的实习工作进行监督考核，对于在实习中表现优秀的同学，要给予奖励与支持。而部分同学在实习工作中，若不服从管理，随意违反制度，学校也不能袒护学生，应尊重公司的处罚。其次，以往学生自己找的实习工作，由于自身对公司了解不深入，很多时候是随便选择一家公司实习，只为了完成所谓的实习任务，因此在实践中根本没有用心去学习，纯粹是混日子。而在"2+1"模式中，学生在学校期间就已经接触过相关的企业，对该企业有一定的认识，而且企业与学校有协议规定，起码不会上当受骗，另外，在获得劳动报酬方面也比较公平公正，不至于让学生拿不到实习工资。"2+1"模式，还有助于学生完成正常课程学业，以往一些学生为了能够尽早找到工作，不惜放弃了大量课程，最后要重修补考甚至拿不到毕业证。但是通过"2+1"模式，学生在前两年可以安心去学习理论课程，安心去修相应的学分，这样就不至于耽误必修课程的学习。"订单式"人才培养，强调的是第三年实习培养期，重点完成企业的具体生产工艺的学习，在学生实习过程中，可以实行课堂与工厂相结合、仿真与现场相结合、能力与岗位相配合的模式，最终协助学生完成实习。另外，很多高职学生做毕业设计出现困难，主要是缺乏相应的实验室或者设备去完成，于是很多学生都只能数据造假，或者在网上参考别人的文章，而"2+1"模式，为学生寻找实验数据提供了帮助，最终协助高职学生快速完成毕业设计，安心完成学业。

二、构建了基于工作过程的课程体系

以往的人才培养模式，都是学校自己制订方案，包括教学大纲、教材的编写，也有高职工商管理专业教师完成，整个课程体系主要是基于教学大纲或者教学计划，与企业、工作过程、岗位要求的关系较小。而"订单式"人才培养模式，构建了基于工作过程的课程体系。双方共同制订人才培养大纲，例如某石油职业学院，与中石化签订了定向班协议，课程体系是根据中石化精细化产品的生产过程特点而制订的，明显体现了中石化公司的生产运作过程、企业管理过程等。而在设置课程体系的时候，高职学校要始终考虑学生的性格特征以及学生自身需求，更要遵循高等大学教育教学规律，构建基于工作过程的课程体系。双方合作还体现在教材的编写上。以往的培养模式，高职工商管理专业课程教材都是直接在网上订购，包括实训课程的教材，虽然有一些职业学院自己编写实训教材，但也是参考网上的，大同小异，不具有针对性。构建基于工作过程的课程体系，高职工商管理专业在编写实训教材时，不仅要组织本校相关专业的教师积极参加，同时要邀请相关行业专家、企业技术人员以及企业管理人员共同商讨，根据各方意见，编写一套适合本校人才培养的教材，定向班的教材应该与普通专业教材有所区别，因为它培养的学生最终是流向特定的企业的，教材要体现企业的性质及企业的岗位需求。

三、建立了校企"双管理、双考核"机制

毕业实习是学生完成大学学业的重要环节，若未按要求参加毕业实习，就无法完成学业，无法拿到毕业证。总的来说，毕业实习是高职学生的必修环节。以往的人才培养模式，学校对这个环节完全置之不理，只要学生能够提供就业实习协议、教师统计好就业数据上报给教育厅就能完成任务，对于学生在实习中的表现，如学生是否遵守企业制度，或学生是否拿到劳动报酬，学校都不管，这种做法是非常不负责任的。"订单式"人才培养模式，建立校企的"双管理、双考核"机制。俗话说，无规矩不成方圆。学生到企业实习，并不是为所欲为，高职工商管理专业更不能直接插手企业的管理。例如某高职学生在企业实习过程中，偷企业的零配件去卖，结果被企业发现，要进行开除处理，因为企业有自身的管理制度，如果学校就此插手，将不利于企业对员工的管理。当然学校对于学生的实习也不能置之不理，要安排辅导员或者实习教师到企业看望学生，给学生的实习做好思想指导工作，关心慰问学生，尤其是一些环境条件十分艰苦的企业，教师更要做好学生思想工作，定期与学生沟通，增强学生的归属感与认同感。其次，"订单式"人才培养还有一个特点是"双考核"，学生在实习过程中不仅要面临企业的考核，若在考核中不及格，企业有权利要求学生参加培训直到考核合格为止，而且高职工商管理专业也要加强对学生的考核，这种"双考核"机制，有助于督促

学生端正自身的实习态度，认真实习，珍惜实习机会，提升个人的专业技术水平。"订单式"人才培养模式下，学生在实习中若受到企业不公正待遇，学校可以协调沟通，这样也可以避免学生有过多的负面情绪。若实习单位认为个别学生素质不过关，也可以反馈给高职学校，让学校将学生带回学校进行教育。因此，"订单式"人才管理体现"双考核、双管理"，不仅有助于监督考核学生在实习中的表现，提升实习的学习效率，同时有助于维护企业正常运作，避免学生的到来给企业带来不必要的麻烦。

四、深化了校企合作，推行了工学结合

校企合作是当前人才培养最流行的模式，也是培养人才比较有效途径。校企合作的方式有多样，有在校外建立实习基地的，有聘请企业人员做职业导师的，也有技术上的合作，等等。其中，"订单式"人才培养模式，深化了校企合作，推行了工学结合。一般来说，实行订单式人才培养，高职工商管理专业与企业双方有一定的认识或者了解，有可能双方的高层是好朋友或者商业伙伴等，通过这种模式有助于促进双方感情交流，深化双方合作意识。例如某职业学院与当地某旅行社签订了"订单式"人才培养协议，建立了稳定的校外实习基地，实现了教学过程与就业岗位之间的无缝对接，为双方长期合作奠定了基础。"订单式"人才培养模式，鼓励高职工商管理专业的年轻教师到实习企业实践，例如暑假到企业实习一个月，进一步强化青年教师的专业实训能力，也可以聘请企业的高级技术人员作为学生的实训教师，大大推动了工学结合。

五、校企文化相互融合

文化，是人类长期生存与发展沉淀下来的无形资产。学校文化、企业文化都是各自的精神财富，是企业或者学校发展的重要指导方针。在中国传统教育思想中，学校是传授知识、传播思想的场所，例如某职业学院的文化理念是"追求创新，追求卓越"，这种文化理念可以通过校企合作融入企业中，鼓励企业将创新列入企业文化中，营造一种不断创新、不断进步的氛围。"订单式"人才培养，还可以将企业的文化列入日常教学中，例如某企业的文化是"一流的团队，一流的产品"，强调的是团队意识与合作意识，将这种文化理念融入日常教学中，教师在课堂上

采用小组讨论学习法等，进一步增强学生的团队意识以及培养学生的合作精神。"订单式"人才培养模式下，学生有机会接触企业的文化，例如很多大学生对某企业狼性文化充满好奇，通过"订单式"培养，学生能够有机会感受到狼性文化的魅力。

六、考证班的合作

高职工商管理专业是以培养高技能人才为目标，很多技术型岗位都需要取得相应的技能证书。假若学生在毕业前未能拿到相应的技能证书，这会影响就业以及升职，就算是订单班的学生，没有技能证书的学生待遇将会比较低。现在很多高职工商管理专业考证工作做得不够，许多学校都不具备条件，而到外面培训机构考证的费用又很高。"订单式"人才培养，高职工商管理专业可以借用企业的工作环境进行考证实训教学，能够让学生快速掌握技术，大大提升考证的通过率。其次，企业与高职工商管理专业还可以合作开设考证班盈利，招收社会人员报名学习，理论课程学习在高职院校进行，由高职工商管理专业现有专业教师讲授，而实训环节的学习在企业进行，由企业高级技术人员担任实训教师。双方在考证方面的合作，不仅能够有效利用双方的资源，提升资源使用效率，同时能够增加高职院校以及企业的业务收入，有条件的高职院校还可以申请技能鉴定，与企业长期合作，打造出色的考证班。考证方面的合作，有助于提升高职院校及企业的知名度，方便广大学生以及在职员工，为他们考证提供各种便利。

第六章　高职工商管理专业"产学交替"人才培养模式的发展

第一节　高职工商管理专业"产学交替"的发展背景

一、高职工商管理专业"产学交替"人才培养模式发展历程

我国高职工商管理专业采用"产学交替"这一人才培养模式，最早出现于 20 世纪 80 年代中期，其发展历程大致可以分为以下三个阶段：

（一）引入期

20 世纪 80 年代初，我国刚刚改革开放，此时中国教育界同国外教育界慢慢有了沟通和交流，并随着交流的不断深入，越来越多的先进办学经验从国外流入到国内。1985 年，我国上海工程技术大学在参考了加拿大滑铁卢大学先进的办学经验之后，率先将"一年三学期"这一"产学交替"的教育模式引入进来，此标志着我国"产学交替"正式进入了试验阶段，即"引入期"。这一时期，我国一般是向国外汲取先进的高职教育办学经验和教学模式，在行动方面所采用的多是"合作办学"这一教育模式，并在该模式的基础上创建了很多合作办学的项目。

（二）克隆期

该时期我国教育界渐渐认识到，创办高职工商管理专业，需要率先探索我国人才培养的现状以及教育模式。在对其进行充分探索之后，我国教学体制也从原有的仅仅是汲取别国的办学经验，发展至对别国办学经验进行研讨和批判性吸收。为了更好地做好该类工作，教育部创办了"产学合作"教育研究课题组，那段时期很多办学模式都是在该课题组研讨出来的。

（三）"产、学、研"合作期

1997年国家教委颁布了《关于开展产学研合作教育"九五"试点工作的通知》，这表明高职教育从第二阶段正式走进"产、学、研"合作阶段。在这段时间，我国高职教育告别了以往民间自发性的试验期，正式走进由官方统一进行的有计划、有组织的试点阶段。经过教育部的研究之后，高职教育在我国取得了巨大的、长远的发展，彼时的"产学合作教育研究课题组"也正式改名为"中国产学研合作教育协会"。在该协会的领导下，高职教育在我国的研发工作变得更加有条不紊。此外，教育部还创建了"九五试点"小组，在该小组内，教育部的相关领导以重要成员的身份亲自领导和参与该项试点工作，高职教育经过全方位的研讨，最终发现最利于"产、学、研"合作发展的教育模式。

二、高职教育"产学交替"模式概述

（一）早期"产学交替"形式

早期的高职教育"产学交替"教学模式将一学年划分为三学期，第一学期和第二学期学生主要负责学习相关理论知识，第三学期学生则是进入实践学习期，在该学期，学生要告别学校，步入企业参加实习。比如说本溪冶金高等专科学校便是该类学习模式的典型学校，该校自1985年试探性地使用此类教育模式之后，该教育模式一直被沿用至今，如今它已日趋完善，并成为一套较为规范、较为完整的运行操作模式。

（二）中后期"产学交替"形式

中后期的高职工商管理专业"产学交替"教育模式，学生主要是在学校的安排下进行时间很长的实践操作活动，活动时间最短一学期、最长一年。这种产学交替的教学模式，又名"厚三明治"教学，一般而言，学生只要是在教育部规定的期限内做完学习任务，便不会被延长学习期限。采用该类教学模式较为成功的当属原吉林电气化高等专科学校。该校学生由授课老师统一安排，去企业进行一系列比如说参访、调研、策划等实际项目，在此一系列实际项目中，学生得以提升自身的创新能力、实践能力以及学习能力，实现提升自身综合能力和综合素质这一核心目的。不过因为该教育模式需要同实际任务相结合，所以任务时间以及任务大小都随实际情况的不同而不同，也正因为如此，在教学管理体制以及教学计划的制订方面，要设置得较为灵活些。

三、高职工商管理专业"产学交替"教育模式中所存在的问题

（一）经济的发展制约了"产学交替"教育模式的发展

从根本上来讲，"产学交替"教育模式其实是我国从他国先进办学经验中借鉴，并在特定的历史条件下创建并发展而来的。彼时我国经济正处在转型阶段，市场尚未有完善的经济体制，且各大区域和行业以及企业之间在经济发展呈现不平衡态势，市场上依然是手工业或者手工劳动力占据主要地位。企业因为感觉同学校合作不会给自身带来利益，因此同学校合作意愿不强。再者，彼时我国在就业市场方面十分不规范，很多本该属于高职工商管理专业学生的工作由本科学生来完成，如此也就使得一方面本科生从事着不属于自己的工作，对自身、对企业都造成了一定程度的浪费，另一方面则越来越多的高职工商管理专业毕业生无法找到工作。如此，创办高职工商管理专业"产学交替"也就仅仅存在于政府的号召，无法得到企业的回应。

（二）现行教育的管理体制对"产学交替"教育模式发展十分不利

当前，高职院校都是通过教育行政部门来进行统一管理的，因此行业便无法对教育进行有效指导。且企业同学校之间的合作大多数都是以民间合作为主，因此在合作过程中，对权利、责任等各方面的界限很模糊，一旦情况有变，双方的合作关系便会终止。因此，从现实角度来看，现在教育的管理体制给校企双方的持续、深入和健康的合作带来了不好的影响。

（三）"产学交替"的发展因为高职院校实力不够而受到一定程度的制约

无论是"校企合作"还是"产学交替"，都应当以让学校和企业双方都获得利益作为基础，否则便无法健康地建立起来。现在由于高职院校多是由中专院校发展而来，所以无论是师资力量还是技术设备，相对而言都较为滞后。除此之外，学校所招的学生无论是在学习态度还是学习能力方面，都明显滞后于普通高校学生，各方面累积起来，便导致了企业同学校的合作出现种种不顺畅情况，而这也是企业不愿意同学校建立合作关系的主要原因之一。

(四)"产学交替"在开展过程中方式较为单调

关于这一点,可以从以下几方面来分析。首先,是学校将对"产学交替"的实施作为解决学生实习的重要方法,并在此基础上刻意地重视专业的对口,而没有从主观上考虑对学生综合能力、综合素质以及核心竞争力的培养。此外,尽管现在随着经济的发展,高职工商管理专业也在不断地发展,但是现在依然有很多高职院校在安排学生生产实习上采用已然过时的方式,在选择实习单位时往往首选国有企业或者大型企业,对于民营企业或者小型企业则不愿意安排学生前往实习。与此相对应的是,有些企业在管理方面出现了越来越多的弊端,学生如果前往实习,不仅仅无法学习到知识,反而处处受到制约。此外,学校出于种种考虑会一次性地往企业内强塞十数个甚至数十个学生,如此会导致用人单位无法安排过来,最终导致"产学交替"在行进中出现了更多阻碍。

(五)"产学交替"这一教育模式还仅仅局限在企业和学校这一层面,学生没有发挥出自身的主观能动性

尽管现在"产学交替"已经初具规模,可是随着我国社会经济发展不断完善,学生作为"产学交替"这一教育模式的主体,其地位终有一日会凸显出来。然而现在"产学交替"还仅仅局限在学校和企业这一层面,位居主体地位的学生在积极性方面却表现得很不好。所以,怎样充分地激发出学生自身积极性,让高职工商管理专业教育模式的改革更受到学生的欢迎,是我们亟须面对和解决的问题。

第二节 高职工商管理专业"产学交替"的发展类型

作为我国职业教育与高职教育的结合产物,高职工商管理专业存在的主要目的便在于为社会培养存在于服务、生产以及管理第一线的,具有高素质以及高技术水准的实用型、技能型技术人才。近几年来,随着我国职业院校对国外先进教学经验的汲取以及职业院校自身的不断发展,其在教育方面已经变得越来越科学化和体制化。高职院校又在原有基础上引进了"产学交替"这一教学模式,从而让高职工商管理专业在培养高素质应用型人才方面更为得心应手,本书试图从高职工商管理专业"产学交替"的发展类型处讨论,以期为"产学交替"培养模式带来新的思路。

一、根据学生的工作和学习紧密程度划分的三种类型

（一）松散型

所谓"松散型"，即高职工商管理专业的专业理论同实际操作之间没有相关联系，尽管在实训过程中学生也会学到企业的规章制度以及企业相关规则，然而，该类型对于学生专业技能的提升和学习几乎没有任何帮助。

（二）关联型

所谓"关联型"，即学生在实习中所参与的工作同自己所学的理论知识有一定程度的关联。该类"产学交替"的教学模式尽管对于学生职业素质和专业能力有一定程度的帮助，不过因为其在匹配度方面不达标，所以对学生专业能力和专业素养的提升也并无多少帮助。

（三）紧密型

所谓紧密型，即学生在企业的实习工作同其在学校所学理论性知识匹配程度很高，有极高的关联性，该类型是"产学交替"的理想型结合。该类"产学交替"的人才培养类型因为其本身的极高匹配性，所以不仅能最大程度地提升学生的专业能力以及综合素质，对于学生的专业技能和专业知识也是一个极大的提高。

二、根据"产学交替"的实施主体不同的分类

（一）学校主导型

该种产学交替模式是在充分参考了先进的教学理念之后改良创新而形成的，这对于我国的高职工商管理专业而言，还比较新颖。此种模式主要特点为：首先，"产学交替"的主体单位即学校，学生在学习实践技能和理论知识时均是在学校内部进行的，学生的实训场所也是学校的实训基地（学校在引进企业的先进技术和设备的同时，对企业的经营环境以及生产规模等进行模仿），学生凭借着真实度很高的实训项目，来完成自身实践技能和理论知识的融合。该种教育模式的主要目的是提升学生的专业能力以及职业素养，让学生通过实训真实体验到工作中的场景。该种教育模式的优点在于其能更大程度地促使学生实践技能和理论知识的融合，操作起来也没有太多转折，缺点在于办学成本太高。

（二）企业主导型

该种"产学交替"是主要以企业作为主体的教育模式，即学生大部分学习时间都是在校外实训基地来完成的，而作为主办单位的企业，负责制订学生生涯里的大部分课程设置、教学安排以及教师人员安排，并在上述安排的基础上为教学提供设施、技术人员以及部分资金。换言之，此时的企业对于学生来说其实就是学校，学生步入企业之后，教学课堂便是企业办工室，学生的教师便是企业的员工，而学生的实践技能以及理论知识便是通过企业来完成的。在企业中，学生通过企业员工的指导，认识并参与企业的真实运营环境以及运营流程，并在企业员工要求的时间范围内做完一定的生产任务。通过这种学习，学生可以真切地认识到企业的管理理念和企业文化，掌握专业技能和专业知识，达到提升自身综合能力和专业素养的最终目的。

该种"产学交替"类型的好处便在于其节约学校的资金投入，但是因为它对企业有着很强的依赖性，所以如果要达成该种类型的培养模式，需要企业对该院校有着很高程度的认识，以及花费大量精力和金钱。也正因如此，对于将经济效益作为最终考核成绩的企业，该种育人模式带来的经济效益低而投入高，所以他们往往不支持此种类型的"产学交替"育人模式。

（三）校企双方共同主体型

这种教育模式的主要特点是，在培养学生的责任上，由企业同学校一起承担。换言之，因为学校的学术性很强，所以对学生理论知识的教育主要是由学校一方来承担。由于企业的实践性很强，所以学生实践知识的学习由企业一方来负责安排。学生学习实践技能和理论知识是交替进行的，具体的时间也视情况不同而出现不同的安排。该种教育模式主要是通过对德国高职教育的"双元制"的学习和创新而发展起来的。同"双元制"教育模式有所不同的地方在于，我国的"产学交替"教育模式在学校的时间会长一些，而德国的学生在企业的时间会长一些，德国学生在上学期间，其身份既是学生又是企业员工。

从现实角度来说，德国的"双元制"教育模式更为实惠、经济和有效，所以现在有不少国家都会在高职教育中采用这种教育模式。不过因为我国没有相应的法律法规和政策来激励和约束，因此企业的积极性和责任感都不强，所以在我国，该模式普遍流于表面和形式，而没有实效性。

三、根据"产学交替"的运行模式所做出的分类

（一）教学工厂型

该模式中，高职院校是实施的主体单位，所创建的企业都是由学校按照专业的教学标准以及企业的运营规模自主建立起来的。在教学工厂中，既有高职工商管理专业的实训课堂，又有企业化的对外经营，整个教学模式中实训教师既是教师，又是企业员工或者企业的管理人员，学生在学校学习期间，既是工厂的员工，又是学校的学生。他们依据专业需要来安排学生学习专业知识、文化知识以及前往教学工厂学习实践技能。此种"产学交替"的教学模式，有效免除了高职院校对企业的依赖程度以及工学之间难以协调的难题，且让学生由以往的单纯消耗式的实训改为有一定生产能力的创造，解决了学与做、学与教、实践与理论互不衔接的问题。这可以有效提升学生的职业能力和专业素质，但是由于学校的经营不专业以及办学资金过高和常态化的运营存在较大困难等原因，很难实行下去。

（二）订单培养型

所谓"订单培养型"，即学校和企业之间在对人才的培养方案上互相合作、互相协商，并签订关于联合培养的协议。在这一模式中，学校主要工作是招生，并根据企业的生产安排和教学计划来安排教学，量体裁衣式地给企业培养人才。除此之外，学校还负责传授给学生理论性知识以及对学生实行统一管理。企业主要是向学校提交具体的需求（其中也包括人才素质和数量的需求）和用人的规划，以及对学生进行实训方面的考核以及教学。该种模式让企业招工同学校招生同步进行，凡是进入该学校的学生，也是企业内部的未来员工，直至毕业，便立刻进入该企业工作，在很大程度上解决了企业的用人问题和学生的就业问题，因此现如今很多企业同高职院校所建立的合作关系都是此种类型。不过这种合作关系没有稳定的保障机制，都是靠朋友或者校友等关系来促成的，且合作过程中往往因为住宿条件、工资待遇以及工作环境等问题而导致整个教学计划终止。

（三）"筑巢引凤"型

在该种模式中，主要是由学校提供场地，由企业安装或者购置办公设备，在办公建筑方面则是由学校独自承担费用或者企业和学校共同承担费用。学校和企业双方一起制订人才培养计划，二者共同完成对学生的指导和教育问题，师资也

由二者共同提供。学生根据企业的需要，将学习和工作交替着进行，整个学生生涯里都是半工半读状态，在实习期间学生是企业的未来员工，为企业创造产品或服务，并根据产品或服务的创造量而得到一定的报酬。现在很多高职院校，都是由学校提供场地，在生产实训过程中，学生的教室便是企业的办公室，学生本人便是企业的员工，学生教师便是企业的培训师。学生一般都是采用学习半天理论课再学习半天实践课的教育模式。该制度对于生产实践与理论教学的统一起着很重要的作用。

在该模式下，学校掌握着实施主动权，这一方面是因为学校在参考了企业的经营生产需要之后，能合理有效地安排关于学生半工半读、"产学交替"的人才教育模式，从而有效避免出现"以工代学"或者"产学隔离"的现象。另一方面又能很有效地解决高职院校办公设备的保养、维修以及老化更新难题，一定程度上解决了高职院校缺乏办学经费的难题，给家庭困难的学生提供了资金支持，可谓是较为理想的"产学结合"教育模式。不过这种以场地来换取资源的方式来合作，往往会出现因为实际需求不断或者场地不足而不得不一次次地接受审计部门在资金以及设备等方面的审查，因为该类问题的不断出现，很多企业与学校合作的积极性变得很低。

"产学交替"是应时代而生的产物，是在不断变化着的经济的影响下不断改革的动态概念，其与"校企合作""工学结合"以及"产学合作"等既有联系又有区别，它是生产劳动同教育理论在不断变化着的历史潮流中的真实反映。现如今，越来越多的高职工商管理专业都在大力发展"产学交替"这一人才培养模式，这对于满足企业对高技能、高素质人才的需求极为有利，对学生技能和素质的提升也很有帮助，它是让学生最终发展为高素质应用型人才的核心根本。该培养模式有着自己独特的特点和内涵，只是因为不同的分析视角，而表现出各种各样的发展类型。不管校企双方使用何种发展类型，若要取得实质性的教育效果，都离不开政府的支持。换言之，"政校行企"这一长效机制的建立与否，是高职工商管理专业在实施"产学交替"上能否成功的关键。

第三节 高职工商管理专业"产学交替"的实践探索

当前,尽管大学生数量在逐年上升,但多数企业反映自己在招聘时很难招到适合自己需求的应用型大学生。由于制造业的不断发展以及产业结构的不断改革,未来的企业会需要更多的技能型人才。为了弥补企业的这种需求,给大学生更多的就业机会,"产学交替"这一新型教育模式应运而生。

现在,无论是政府还是教育机构,都有一个共同的认识:如果高职工商管理专业想要谋求发展,"产学交替"是必经之路。然而在我国"产学交替"正处于发展阶段,政府的各项激励政策以及政府资金投入量都不足,在此情况下怎样开展"产学交替"的教育模式,让企业和学校都凭借着"产学交替"来获得发展,怎样充分地整合和利用社会上的优质教育资源,是当下高职工商管理专业必须要考虑的事情。

一、实施"产学交替"对高职工商管理专业的意义

对于我国高职工商管理专业,其能否将教育办出自己独有的特色,关键点便是"产学交替"的深度和广度。换言之,在实施"产学交替"过程中能否让更多校外企业来校合作、投资,是让学校提高自身竞争力的关键所在。而为了让自己吸引到更多校外企业,学校应当以培养学生的职业技能作为核心根本,以培养学生就业作为根本导向,在设置专业内容时要以能满足企业需求为依托。

我国高职院校尽管在实践教育基地的建设上对企业有一定的效仿,但是其本身的环境同企业的真实环境终究还是不一样的,其在成本、质量、交货期以及安全等企业的生产经营所必备要素中缺乏培养人才的资质,这可以说是学校在教育功能上所具有的不足,如果要让该处不足得以弥补,必须通过"产学交替"来实现。而企业的种种经验,也都是在实际生产中一点点积累起来的,因此,学生如果想要得到这些操作经验,必须通过真实的环境和真实的操作才能完成。

在学校同企业的合作中,二者之间的合作模式有了一定程度的改变。首先,是教学内容方面,从原有的偏重于理论知识和文化知识,变为现在的重视能力的

开发和就业技能的学习，从以往的重视专业性和科学性的知识，转变为现在的将生产实践同理论知识相结合。在生产方面，强调同企业进行合作，重视学生在实训过程中的经验积累。通过"产学交替"这一教育模式，我国高职工商管理专业得以在发展中壮大，随着"产学交替"的发展越来越成熟，越来越多的高职工商管理专业开始实施"产学交替"这一教育模式。可以说，我国高职工商管理专业的教育模式，随着"产学交替"的到来正在一步步改变着。

当下，随着高职工商管理专业"产学交替"的创新和发展，在教学模式探索方面，也从以往的教室拓展向空间更广阔的实训基地，学生的学习范围也从原来的仅仅局限于学校，拓展至现在的在经营一线以及企业内部汲取知识。学生通过实训基地以及企业的真实环境，建立起对自身专业的认识，并逐渐形成自身的思想框架。通过企业所提供的实训场所，学生在以后步入工作岗位后，能很快适应环境。

二、"产学交替"在实施中所应该遵守的原则

（一）要坚持以为学生服务为根本原则

高职工商管理专业最为主要的任务便是给社会培养高素质的专业型人才，而产学交替这一教育模式的目的便是在培养人才时能做到更好，培养出更高质量、高素质的人才。为了达成这一目的，高校在产学结合实施过程中，一定得以培养出能给社会带来便利的人才为目标，不可以只看到短期利益而看不到由人才所带来的经济利益，以至于舍本逐末。

（二）坚持让企业和学校共同受益的原则

学校如果想要同企业建立稳定的合作关系，便必须同企业之间建立良好的互动关系，二者共同获益，共同参与到对学生的教育当中。在"产学交替"合作中，唯有把握住这一特征，才能让"产学交替"更健康、更稳定地发展下去。

（三）要在务实的同时勇于创新，勇于变通

除我国的各大知名企业之外，我国有很多科技型、中小型和成长型的企业，它们尽管在规模或者资历上无法同前者相提并论，但是对于高职工商管理专业的发展来说，更具有借鉴和合作的价值。高职院校同该类企业的合作成本低，在参与生产环节和技能开发上也更加容易，因此，同国家知名企业相比，这些小型企

业给学生带来的益处更大。所以，学校在合作时要适当地多考虑这些小型企业，不要一味只同大型企业合作。

三、发展高职商贸类"产学交替"教育应采取的策略

（一）以点带面的策略

通过一个点，便能改变一个面。如果学校还没有发展出"产学交替"的教育模式，便可以先通过一个试验点来完成对自身的突破，通过开展一个"产学交替"项目，带动其他"产学交替"的合作项目。

（二）循序渐进的策略

企业同学校的合作并非一蹴而就，而是在循序渐进中相互深入了解的。而在同企业开展"产学交替"之初，学校须以多种较为松散的"产学交替"的形式来建立同企业的正常连接，并在松散中寻找时机，让校企双方建立紧密型"产学交替"的合作模式。比如说，学校可以创建一个专业指导小组，邀请企业的管理人员加入进来，让企业一点点了解学校，并在了解的基础上增加合作的可能性。

四、实施高职工商管理专业"产学交替"模式应注意的几个问题

（一）共同参与

高职工商管理专业"产学交替"的主体单位，便是企业这一用人单位和高职院校本身。二者一是人才接收方，一是人才输出方，是互相促进、互相依靠的整体。从高职院校来讲，首先，是要通过对职业岗位和行业结构发展状况的观察，和对地方经济在发展中所提出的要求和高职工商管理专业本身的劣势和优势，来从众多的培养模式中选择属于自己的培养模式，并让培养人才的模式尽量多样化。其次，高职院校应当深化在教学方面的改革，要结合企业的需求、岗位的发展以及学生的兴趣来培养人才，对课程内容和课程体系的改革也要力求做到科学务实，在改革教学体系方面，也要做到有条不紊。最后，因为高职院校主要的服务对象为接收人才的企业，所以，对于高职院校来讲，他们的产品其实就是人才。而作为给企业提供服务的一方，高职院校须对企业进行深入的了解，着重了解企业以

及岗位的实际需求,并根据企业需求来选择教学改革的方向。此外,对于企业而言,其发展甚至生存的关键点便是人才的技能和素质,因此,企业也需要以自己的需求为出发点,积极参与高职院校的实践和教学改革,将自身对人才的能力结构、知识结构以及素质结构的要求,展现给学校。如此,作为学校可以培养出更加适合企业的人才,让自身的"产学交替"教学发展更为稳固;作为企业来讲,也可以从学校中源源不断地招聘到优质的技能型人才,让自身的发展和生存能力变得更为强大。

(二)互惠互利

从某一方面来说,"产学交替"其实就是以利益为衔接的一种合作。所以其对于校企双方而言,既有制约又有协调,而好的合作关系里,校企双方的制约不该是相互对抗、牵制,而是让双方更加适应对方的需求。在当下的经济体制中,开展"产学交替"的单位都是较为独立的主体,都需要通过"产学交替"来获得一定程度的益处。因此,这便需要双方创建互利互惠的分配机制,明确在整个合作过程中彼此所需担当的职责和义务,并在此基础上确定彼此的合法利益。

(三)优势互补

高职院校在"产学交替"这一教学领域内选择合作伙伴,需要遵循一定原则。首先,合作企业要同学校有相同的目标、一致的意愿和意向。此外,还有最重要的,双方要有共同发展、优势互补的发展渠道。一般而言,高职院校可以将自身的学术优势同企业丰富的资源这一优势充分结合,让企业作为学校的资源后盾,学校作为企业的科研后盾。

(四)相对稳定

在选择"产学交替"的合作者方面,高职院校万不可随意,不可带着随意的态度同企业进行合作,否则合作的时间必然短暂。无数事例已经证明了这一点。此外,高校在选择"产学交替"合作对象之后,要创建稳固的"产学交替"小组或者委员,让其维护校企双方的利益。

(五)共守协议

在"产学交替"合作过程中,学校和企业双方要创建义务和权益持平的协议,所创建的制度也要建立在让"产学交替"这一合作机制稳固推进的基础上。因为,只有让校企双方都遵守协议中的制度和条款,"产学交替"的合作机制才能在稳定中走向发展，在发展中走向更远的目标。此外，校企双方还需要签订协议，并建立合作小组或者委员会，创建联席会议这一制度，并通过该制度对双方协议不断进行完善和创新，在完善制度时，可以让校企双方的负责人参加并作为见证人。

五、推进高职工商管理专业"产学交替"模式建设的建议

（一）创建"产学交替"长效机制

高职工商管理专业要寻找到同自身发展相符合的"产学交替"模式，作为自己院校的发展机制，从而让"产学交替"的模式同自己学校的教学机制、办学思想以及科研制度和管理制度相衔接。总之，为了让高职工商管理专业得到长效发展，学校应当根据自己的发展建立属于自己的长效机制。

（二）加大实训基地的建设

高职工商管理专业在之后的发展中要加大对资金的投入力度，拓宽融资渠道，让实训条件在发展中不断完善，应当加大实践调研的力度，并以专业的发展要求以及企业对人员的要求，建设一套规范化、标准化的实习实训基地，或者直接在企业一线建立自己的实训基地，要力求将其发展成为行业内顶尖实训基地。

（三）发展"双师型"教师

高职工商管理专业如果想要得到长远的发展，"双师型"教师是必不可少的。因此，高职工商管理专业要积极引进社会各界的技能型人物来校任教，让他们在强化学生职业素养和专业能力的同时，让更多学校教师也发展成为"双师型"教师。

（四）培养市场需求的高职教育产品

高职工商管理专业可以根据教学内容以及对市场的定位和需求，设计开发出自己的产品，并根据不一样的市场需求和专业需求，对市场展开调研，对教学内容实施改革，培养出高质量的技能型人才。

（五）在高职学分制上要有所创新

所谓"学分制"，便是学校为了激发学生的学习积极性而设置的教学机制。在高职教育期间，学校在对学分制的管理上可以针对学生的就业和兴趣，对学分制进行一定的改革，在保障学生文化基础课和专业基础课足够的情况下，增加学生的实训学分分量，而学生对企业项目的参与也可以作为实训学分来考量。

（六）坚持开放型的科研方向

高职工商管理专业在今后的发展中要坚持产学结合的、开放的科研方向。要

鼓励科研人员以及教师勇敢而积极地去面对市场和社会，要尽量为企业以及政府部门排忧解难，提供科研服务，为我国的经济发展和建设尽自己的一份力。在科研方面，应当加大对比较研究和基础研究的重视度，要用具有开放和科研的眼光来发展思维。毕竟，企业一直是处在高科技发展的前沿，学校唯有与时俱进，同企业站在同一高度上，才可以更好地给学生指导。

第四节　国外"产学交替"培养模式及经验借鉴

近年来，我国有很多学者对国外各类高职教育"产学交替"的培养模式进行了研究，并在研究的基础上进行了提炼和总结。

一、德国"产学交替"的培养模式："双元制"

德国的高职教育培养模式"双元制"有几十年的发展历史，它是我国高职工商管理专业教育教学培养模式的主要借鉴对象。在德国，"双元制"这一高职"产学交替"的培养模式也可叫作德国经济发展的"秘密武器"，正因为有了德国的"双元制"，德国才能从经济低谷中顺利发展起来，同时也给德国培养和储备了大量的人才，现在，越来越多的行业的发展和创新都源于德国"双元制"这一培养人才的教育体系。

通过"双元制"，德国高职院校将学生的整个求学历程一分为二，一部分时间让学生在学校里专门学习专业知识和文化知识，另一部分时间让学生在企业内学习职业技能知识。该制度将学校与企业、时间与理论紧密地结合了起来，它的培养目标主要针对学生的专业技能。可以说，在"双元制"这一教育模式下，学生的受训单位主要是学校和企业这两大机构，两大机构在"双元制"的产学交替培养模式下相辅相成。"双元制"教育以企业的教育为主，以学校的教育为辅，对学生的职业培训则使用双重管理这一机制。

在德国的"双元制"体系中，学校和企业这两大机构分别受德国各州的教育部和德国政府的领导、约束和监督。在校企合作过程中，教育费用由政府和教育部分别承担。其中，德国政府主要负责给企业承担和拨发费用，而各州政府负责给职业院校拨发剩余的教育费用，而学生则可以在顺利通过考试之后不交任何费用而入学。

学生在学习期间会受到企业和学校的双重管制，在学校期间受到学校的约束，而学生在企业的时候,则是受到企业单位的约束。此外,学生在企业时,也可以说是单位的实习员工。

"双元制"教育模式的教师主要是由企业人员和学校人员两部分构成。学生在企业时由企业的教职人员负责培训学生的实践技能,参与教育的企业教师又被称作"实训教师"。学生在学校期间则主要是由学校的教师传授其专业理论课和文化课知识,学校教师又被称作"理论教师"。

"双元制"的教学内容主要包括两大部分,学生在企业接受培训时主要是遵守由德国政府所出台的培训大纲和培训条例,在学校时则主要是遵守各州的教育部所出台的教育大纲。德国高职院校的教育类型中有一种类型叫作"职业学院制",它是该国的第三教育法,是"双元制"拓展至教育领域内的另一类职业教育模式。近几年来,该教育模式在德国得到迅猛的发展,并给我国的高职教育提供了一定的帮助。

二、英国"产学交替"培养模式:工读交替制

在英国,"工读交替制"这一"产学交替"的培养模式历史也较为久远,其同德国的"产学交替"的"双元制"之间的不同点就在于,英国的"工读交替制"有短期教育和长期教育两种教育方式。

其中,前者的"工学交替制"在英国的高职教育类别中最为普遍,其学习时间很短,仅仅是一月左右的学习时间。在学习期间,学生主要是接受学校和企业的教育,学费主要是以学校的奖学金以及用人单位的奖励的方式支付,在学生学习期间,他们可以参加诸多类型的职业资格证书考试,如果考试通过,就意味着自己专业技能的等级也得到了相应提高,学生的收入随着等级证书级别的升高而升高。后者"工读交替制"的学习也是在企业和学校中完成,其学习时间较前者而言要长很多,普遍是4年制教育,其中,前两年学生主要是在学校接受教育,从第三年开始便进入企业接受顶岗实习,最后一年再次回归学校接受教育。

三、美国"产学交替"模式:"合作教育"模式

美国高职教育的"产学交替"模式又名"合作教育"模式,其比之前二者而

言，在发展历史上则更为久远，主要是由辛辛那提大学联合数家较大规模的企业，在对高职学生进行了一系列考察之后，提出并建立起来的教育模式。在该模式中，具体的实施方式主要是让学生在入学之后便参加职业教育，一个学期之后则轮流在企业和学校进行实习。

美国的"交替实习"期限截至学生毕业前一个学期，那时学生统一回归学校参加集体授课，并完成最后的学习路程。如此，在学生的整个实训和学习的过程中，他们都是让实习和学习二者交替进行的：学生先是学习到该专业的理论知识，然后在实践中将所学知识充分发挥出来，如此，在理论知识和生产实训的交替进行中，将实际操作和理论学习有机结合起来。

美国高职教育的"合作教育"，最先是让学校和企业签订关于用人计划的合同，然后让学校来安排并负责学生的实习及培训的轮换工作，由企业来安排专业实训教师来监督和指导学生的实训操作。在实训结束之后，由实训教师向学校反映学生在企业的实训情况。在"合作教育"的整个过程中，教学工作和实践工作是平均分配的，学生的在校学习时间和在企业的实训时间对半分，其中，实践和学习交替期为60天，通过这一方式，学生的劳动和学习可以得到灵活安排。

合作教育的主体是社区学校，换言之，美国高职学生的教育，多数是在社区学校内完成的，在人数方面，社区学校学生数量是全美学生数量的一半左右。社区学校教育是为职业教育来服务的，而"合作教育"便是让社区教育得以发展和壮大的教学模式之一。

四、日本"产学交替"模式："产学合作"模式

在日本，高职教育"产学合作"模式的历史也较为悠久，其主要是以产业界同学术界的科研委托、人事交流以及办学合作和资金支持为主。在日本的"产学合作"模式中，学校根据企业单位的实际需求，为企业源源不断地输送人才，而企业则为学校提供办学经费和科研经费，给学校提供实训教学基地，让学校能培养出更加符合企业需求的人才。通过企业与学校的合作，使企业的技术得以创新，产品技术含量得以提升，市场竞争力得以增强。

日本的"产学合作"模式之所以得到发展壮大，学术振兴会功不可没。所谓"学术振兴会"，即日本的学术振兴实施机构，它的主要工作便是为企业同学校的合作提供机会。随着日本"产学合作"模式的不断扩大，学术振兴会得到了产业

界和学术界的双重支持,学术振兴会由"产学合作研究委员会"以及"综合研究联络会议"等几大部分组成,前者是有学界和产业界第一线的科研人员构成,后者则是由学界和产业界的技术人员构成,二者虽略有不同,但最终目的相同,它们都在力所能及地为日本高职教育的发展而制定最为有利的教育方法和模式。它们的存在,给日本高职教育的发展带来强大的动力。

第七章 高职工商管理专业"订单式产学交替"培养模式的课程体系构建

第一节 "订单式产学交替"模式下的课程设置与教材开发

高职工商管理专业有其自身的办学宗旨，即为了适应社会的发展培养一批集生产、服务与管理三者相结合的综合型人才。以这一人才培养方向为标准，需要建立一套能够顺应社会发展的、具有学院自身特色的人才培养方式。而"订单式产学交替"人才培养模式则很好地满足了这一办学需求。通过进行广泛的市场调研，与企业进行合作，进行人才的定向培养，并通过合作培养高质量的、符合社会发展需求的综合型人才，进一步促使工商企业管理专业学生能够在毕业之后迅速适应自己的工作岗位，满足企业各方面的人才需求。因此，从这一角度上来说，"订单式产学交替"人才培养模式具有一定的"岗位导向特性"，能够有力地增强学生的专业技能。

一、"订单式产学交替"人才培养模式教学课程体系的特殊性

在"订单式产学交替"人才培养模式当中，培养的重点在于对学生进行实践技能的培育。然而，要培养学生的实践技能，实际做起来并不是一件非常容易的事情。在签订订单培养协议之后，虽然有了学校和企业的双重合作与互动，但是要真正地促进学生提升实践技能，高职工商管理专业还需要提供相应的环境与基础设备，不断创新教学手段，改善实训基地的环境，加强双师型教师队伍的培养。

这里所说的教学环境，既包括高职工商管理专业本身的教学内部环境，同时还应该包括高职院校与企业一同建设的实训基地环境。在实训基地，不仅要配备学生进行实践教学的基础设备与场地资源。与此同时，还应该给学生营造一种真实的职业环境。这也就体现出企业为学生安排相应的工作岗位，让学生进行"产学交替"、定岗实习的重要意义了。其中，在双师型教师的选择上也应该涵盖学校专业教师以及企业职业技能较强、工作经验丰富的专家团队，二者共同组成"订单式产学交替"人才培养模式中的师资队伍。

很多学者的研究表明，要真正实现"订单式产学交替"人才培养模式的目标与要求，需要考虑非常多的内容。尤其在进行专业课教学上，可以通过采取全新的教学模式，如将"理论与实践结合"以及项目教学课程的教学模式来实现人才培养的目标。而这里所说的"理论实践结合"的人才培养模式主要指的是一种打破传统的将理论与实践教学分开进行教学，实现理论教学与实践教学的教师、场所合并的新型教学模式。在这一模式中能够实现理论与实践的相互融合，并能够着重突出对学生实操能力、动手能力以及解决现实问题能力的培养。这一"理论与实际"融合的教学模式，是"实践、认识、再实践"认知规律的重要体现，其不仅能够将学生所必须学习的理论知识与必须掌握的岗位实操技能有机地融合在一起，同时还可以将实践课程中的重要教学内容嵌入每一门专业课程当中去。学生在每一门专业课程的学习中都能感受到理论知识与实践的有机结合，都能够有效地巩固自己的理论知识，提升自己的实操技能。因此，这种教学方式也可以称之为一种渗透式的教学模式，其不仅能够极大激发和调动学生学习理论知识和实操练习的积极性，同时还能够促使学生积极加入实际工作，精准实施各项管理技能。而这也是"订单式产学交替"人才培养模式实施过程中，对于培养高质量技术型人才较为有效的一种教学模式。

高职工商管理专业"订单式产学交替"人才培养模式，与一般的教学模式具有一定的差异，因为其更倾向于与企业岗位的实际工作需求相贴合，将理论与实践有机结合在一起，提高学生的专业素养和实践技能。具体来说，高职工商管理专业的"订单式产学交替"人才培养模式在教学课程及内容方面也具有其自身的特点，与其他培养模式相比，主要表现在以下几个方面：

首先，"产学交替"人才培养模式较为注重学生未来的职业发展，且较为重视对学生进行职业能力的培养。具体来说，高职工商管理专业在进行"产学交替"

人才培养时，在选择课程设置与教学内容时，更加重视能否在学生就业上发挥更大的作用，让学生能够更快地适应岗位环境，根据自己所学完成工作任务，进一步满足企业的发展需求。在"订单式产学交替"人才培养模式中，"订单"一词实际也就定位了学生的工作岗位和具体的职位能力需求等，因此这也是对学生进行定向培育的出发点，在开发课程之初，需以企业对学生的实践能力需求为基本依据。

其次，要全方位满足企业、学校和学生的多方利益，这也是"订单式产学交替"人才培养模式在推行过程中首先要理清的三方关系。须将教学内容与教学课程的相关内容有机结合在一起，并加之以三方的利益诉求，有针对性地培养岗位所需的专业人才。此外，在课程内容设置之后，应该以岗位工作的能力、过程以及能力发展等需求，进一步满足企业对学生的专业素养和实践能力的需求，加深对学校的理论和教育的统一性，切实满足学生多方面的拓展性与情感性的发展需求。

再次，满足企业、学校与学生三方可持续发展的需求。由于市场经济的不断变化和发展以及企业的多方面的管理与发展需求，企业在对人才的发展需求上并不是一成不变的，因此在进行"订单式"人才培养模式的课程设置时，应该及时更新相关课程内容与教学体系，以市场经济的变化发展需求的不同，来满足社会经济的变化发展趋势。调整其与订单企业的内容，确保学生能够通过实践培养学有所长，在提升自己的生存技能的同时，获得更大的发展潜力。

二、"订单式产学交替"模式的课程开发理念与原则

在"订单式产学交替"人才培养模式的实施过程中，对课程体系进行构建，大力开发工商企业管理课程体系与改革教学的内容，不断满足订单的相关需求，也需要秉持其相应的教学理念，遵循相应的指导原则。

（一）"订单式产学交替"人才培养模式的课程体系改革理念

一般来说，"订单式产学交替"人才培养体系在实施课程内容的创新过程中应遵循相应的理念。其理念具有一定的特点，主要包括以下几个方面的内容：首先，课程改革过程中以合作作为改革的首要目标和基础，让"订单式产学交替"人才培养模式在实施过程中实现学校、企业及学生等多方主体多方面、多视角、多层次的合作目标；其次，课程改革应始终以企业的岗位发展需求为重要导向，不能

盲目设置课程，改革课程体系，而要根据合作企业的岗位发展需求进行设置。

在推进教学内容上也需要与岗位的发展需求相接，不断更新教学内容，可根据企业实际岗位所需要的理论知识设置不同的单位模块，并在具体的轮岗实习过程中，对这些模块知识点进行调整和讲述，统一为重要的教学体系内容，真正做到让学生学以致用。在"产学交替"的过程中，能够随时将学到的课程理论知识运用到实际工作当中去，提升其解决实际问题的能力。与此同时，根据岗位的发展需求进行课程设置也是非常必要的。因为往往一个专业可选的理论课程是非常多的，但是有了"订单式"的人才培养模式作为依托，人才培养的方式也更加准确，因此在进行课程设置的时候，必须以合作企业的具体岗位发展需求为依据，这样一来，课程设置也更具科学性与合理性；同时要通过进行课程体系改革，推进专业课程更具综合性。

在这个过程中，首先要进行的就是课程内容规划，通过初步规划不仅可以确定院系的专业发展目标，同时也能够促使教师对于教学方式的创新更有规划性和积极性。在实施"订单式产学交替"人才培养模式之后，在推动教学内容改革过程中，同时也将促使课程的表现形式更具多样性。

一方面，课程设置的工作不再和传统的人才培养模式一样，是只属于院校的工作，在"订单式产学交替"人才培养模式当中，企业在推动院校课程改革的过程中同时也承担着非常重要的作用。企业也应该发挥其人力、物力等各方资源，集思广益，与院校一同进行课程内容改革的相关设计。不仅要实现教学场所从室内走向室外，从单一的理论教学课程转换为多样化的、操作性强的实践课程。同时，也要实现教学方法的改革与创新，逐步发展案例教学、项目教学、仿真教学等多样化的教学手段。

另一方面，还要促使院校实现在教学评价上的突破性进展，以往的工商企业管理专业人才培养模式中，院校占据着主导地位，评估方式也较为单一，往往只能评估出学生的理论知识学习进展。但是在推行了"订单式产学交替"人才培养模式之后，这种情况将发生较大改变，课程评价将不再局限于书面评价与学生的理论知识学习效果评价，课程评价体系的内容将增加实习评价、实践操作评价等，丰富课程体系评价的内容，促使其逐渐呈现多元化综合性发展趋势。有了企业以及其他社会力量的参与，评价形式也将逐渐走向多元化，实现综合性评价、效果评价以及形成性评价等更具实践意义的"订单式产学交替"人才培养的评价模式。以促使其跟上时代的进步与发展，以及正在不断调整与创新的教学改革需求，与市场经济发展下不同企业对人才的发展需求相接。

（二）"订单式产学交替"人才培养模式的课程内容改革原则

在实施"订单式产学交替"人才培养模式的课程内容改革过程中，在进行教学内容设置与体系改革时，除了要坚持一般高职工商管理专业所遵循的相关理念之外，还需坚持一定的课程改革原则，主要包括以下几个方面的内容：

首先，以发展能力为主的原则，即在课程内容改革的过程中，不能盲目，应该要以当今时代对人才的各项能力与素质的发展需求为准，培养学生提升自己的专业素养与实践能力。其重要目的在于学生实践能力的获得，并促使学生在提升实操能力的基础之上，提高自身完成工作的效率。此外，还需坚持定向培养的发展需求，将专业技能与岗位发展需求以及教学内容和未来职业发展规划融合在一起，同时也需要将毕业的需求与未来进入社会的就业需求有机结合，更好地满足对人才的定向培养的目标。

其次，要坚持以人为本的原则，这里所说的"人"主要是指学生，须根据新课程改革的相关规定和要求，在设计教学任务与内容的过程中，在每一个具体的环节之中提升学生的专业技能和工作效率。在整个工商管理专业"订单式产学交替"人才培养模式的教学课程内容的设置过程中，应以学生为本，在课堂上以学生为主导，不断加深学生学习知识、思考探究问题的积极性和主动性，还要提高学生"学以致用"的能力。

再次，要坚持可持续发展的原则。社会在日新月异地变化着，随着经济、政治、文化的发展与变迁，市场经济正在飞速发展，企业对于人才的要求也逐渐多样化，从单一地要求理论知识扎实，到现在更加注重学生理论知识与实践技能的统一。因此，在推动教学内容的改革过程中，应该首先关注目前的社会经济发展需求，以学生未来的就业发展为长远目标，从而适应不断变化的对人才培养的多样化需求。

最后，还需要坚持全方位技能发展原则。在实施"订单式产学交替"人才培养模式的过程中，往往会存在这样的问题，即在教学内容体系革新过程中一味强调技能的培育而忽视理论知识与岗位素养的培养，这是"顾此失彼，得不偿失"的。因而，应该遵循综合性技能发展原则，不仅要重视对学生的核心技能进行培养，还要发展其他非技能性技能，提高学生的综合能力，以便更好地满足岗位的发展需求。

三、"订单式产学交替"人才培养模式的课程体系

（一）对课程体系结构的概括与分析

以"订单式产学交替"人才培养模式作为基础，根据订单协议所签订的相关内容与企业对人才的发展需求，突破以往传统的教学模式，运用新型的模块化的教学结构。根据"订单"对学生的各方面综合能力的发展需求，有针对性地设置工商管理专业四大课程模块。

第一，公共基础知识模块。对这一模块的学习是学习基础知识的重要前提与基础，其主要的培养目的在于提升学生的职业素养和专业素质，进一步提升学生的文化修养、审美观念与道德修养。而公共基础知识的模块则主要是为了培养学生获得知识的能力，并以促使学生不断提升其合作能力、交流能力为重要方向。在此过程中也加之以综合素质的提升，促进学生多进行一些体育运动。

第二，是专业必修课程模块。在专业课程中，主要以培养学生的实践技能为主，根据企业的相关用人标准，培养学生的实操技能，进一步提升学生的应用知识解决问题的能力以及拓展创新的能力。

第三，是订单课程模块。这一模块主要是以"订单式产学交替"的人才培养模式为重要基础，来满足企业的发展需求，提升学生的实践能力及其将学习到的知识应用于岗位工作的能力。

第四，则属于选修课程模块。在这一模块中，以学生的兴趣与个性发展需求作为基础，以学生的未来发展目标作为方向来设置与之相关的课程模块，让学生通过选修课程的学习不断调整自己未来的就业方向，实现更高的就业率。以某科技职业学院为例，其课程体系结构主要可以分为理论教学和实践教学环节两种。在实践教学中主要可以分为课内实践与集中实践两种方式。课内实践主要是指以课程内容为基础在教学课程过程中所展开的实践教学，而集中实践教学则可以继续划分为两种，即入学教育和军训教育、学院专业的资格证书培训与学习以及毕业前的综合实践。

在进行"订单式产学交替"教学模式的设计之初，也必须要大力发挥企业作用，让企业进入学校对教学课程进行指导，完善教学计划与课程内容的设置。同时，

也让企业参与学生的现场教学、实训教学，让学生到企业进行一定时间的实习等。

（二）对课程体系内容的分析与概括

"订单式产学交替"课程内容在设计之初主要以课程结构为准，力图建立一个具有"订单式"特色和"产学交替"形式的完整的、科学的课程体系。对于这一课程体系的内容来说，应该更加注重学生在培养过程中有更多的实践活动，给学生更多将理论知识运用到实践中的机会。通过"订单式"的定向培养，给学生更多的学习机遇，在"订单式产学交替"人才培养模式中，并非盲目地让学生进行对自身无用的实践活动，而是以订单合作的企业的岗位发展需求为重要导向，从整体上和三方主体的利益着眼，制定出与岗位发展需求相适应的教学体系。而这个教学体系的内容也非常丰富，一般包括了五个方面：在基础课程上有基本素质教学课程、专业必修课程以及公共基础类课程，特色课程则包括了自己所选择的选修课程以及"订单式"课程。其中，值得一提的是，在"订单式"课程当中，一般来说，其设置的主要目的在于让学生能够学习到更多的岗位专业知识，并将其运用到各种企业实习中去，提升学生将理论知识熟练运用到实践中去的能力。以某职业学院为例，其工商管理专业采取了"订单式产学交替"人才培养模式，并对于促进毕业生就业率方面产生了较好的效果。学校通过与企业进行"订单式"合作，实现了课程内容开发等资源的共享，同时也进一步推进了学校的制度完善。通过在教学过程中实施校企之间的共同管理与监督制度，企业还从内部选派优秀人才前往学校指导学生的实战演习，对学生的实操技能进行点拨，并与学校的教师一起，对学校现存的课程设计上所存问题提出相关专业的建议，促使学校的课程设计更加全面和完善。此外，在实施"订单式产学交替"人才培养模式的过程中，学院还非常注重对学生的实操技能的培养，派学生去往企业进行实习的时候，也在一定程度上提升了学生的实践技能，让学生真正成为一个既具备专业知识，又具备实操技能的高质量人才，实现学校、企业和学生的三方共赢。

此外，根据"订单式产学交替"人才培养模式的发展目的，为了更好地促使学生实践技能与理论知识的深度统一与融合，还需要在原有工商管理专业课程基础之上，不断进行创新，对原有的课程体系进行重新分析与建构，促使课程内容更加"有序化"。在此过程中，可以将课程总体设计为一个大项目，贯穿学生的整个理论知识学习和实践技能掌握的全过程。可以将教学内容分成十几个模块，每个模块都是相互联系而又相互独立的，既能够迎合企业的岗位人才发展需求，又能够让学生学习到必须学习的专业基础知识和实践技能。以某职业技术学院为例，其根据不同专业不同人才培养的需求，以专业基础作为重要基础，然后，将整个课程体系划分为六大模块，并明确这六大模块的教学内容、教学重点与教学方向，让学生进行自主选择。当然，除了这些基础知识的学习，学生还可以从自身需求出发，根据自身的优势以及目标选择其他的选修课程，进一步提升自己的能力。在某职业学院的经理人学院当中，该院就分别设置了营销经理人、创业经理人以及财务经理人三个人才培养方向，所对应的也是三个不同的工作岗位。在这三个不同的方向之下，学生可以根据自身的发展需求和职业喜好来选择不同培养方向下所对应的 7～8 个不同的备选课程，最后明确了自己培养方向的学生还可以在相应的教学模块之下选择其下属课程进行专业学习。在这些专业课之余，为了满足学生更多的发展需求，挖掘学生更大的潜力，学院也设置了 20 门可随意选择的专业任选课。在此之中，学生可以选择 8 门选修课，让学生根据自己的个性化需求有选择地补充自己的专业知识。但是，值得一提的是，这种培养方式也有一些弊端，即容易给学校之前所确定的培养方向以及所开设的专业课程带来一些质疑。

其次，在工商管理专业课程体系内容中，还应该包含创建校内实训环境以及增加实训设备。在进行教育实训基地建设的过程中需要遵循"教学、培训、技术服务以及职业技能鉴定"等原则，这一实训基地有很多用处，可作为学生实践技能培训基地，让学生在这里体会真实的工作场景，学会更多岗位工作技能；此外，实训基地还可以起到为企业员工进行职业技能培训和技能鉴定等作用，为企业开展多种培训活动提供场所，实现学校与企业的合作共赢。此外，在教育实训基地，还应该遵循建设"一体化教室与实训室"的思想与原则，在实训基地既能对学生进行专业理论知识的教学，也能够开展实操技能的训练，让学生真正动手操作，真正掌握专业知识与技能。

（三）合理分配课程体系的内容与时间

将"订单式产学交替"人才培养模式课程体系的内容确定之后，接下来就根据其具体内容来进行时间的分配。一般来说，高职工商管理专业将基本素质课程、专业必修课程、公共基础课程、选修课程的时间安排比例设置为 3 : 3 : 3 : 1。与此同时，在不断推进"订单式产学交替"发展的过程中，还应该创新多种教学方法如任务驱动教学法、项目教学法、案例教学法以及将传统教学法与现代教学方法结合在一起的新的教学方法、"教学练做"四位一体教学法，等等。

四、"订单式产学交替"人才培养模式的教材开发

在高职工商管理专业的"订单式产学交替"人才培养模式当中，其首要的培养目标在于培养具有较高职业素养、专业技术素养、科学文化素养及创新能力，能够适应企业高压，胜任企业产品生产、建设、服务及管理为一体的一线岗位所必须具有的技能的，具有较高的专业素养的高质量管理型人才。在明确了工商企业管理专业"订单式产学交替"人才培养模式之后，必须通过科学合理的培养计划来促进人才培养模式的落地与实施。而在这个实施过程中，除了上文中所说的课程体系设置之外，教材开发也非常重要。课程设置与教材开发的过程既不能忽视高职工商管理专业的优势与特色，同时也必须体现出课程教材的实用性与实践性。

在传统教材当中，其存在着缺乏精确的职业导向、教学内容较为单一、纯粹按照单一的学科知识体系进行编写的问题。其忽视了学生在社会经济不断进步与发展的大背景之下不断发展的新的从业需求，也没有设置较为系统的能力训练模块以及实际案例分析等，因此有待不断改革与创新。不断进行"订单式产学交替"的教材开发意义重大，主要体现在以下几个方面：

其一，与"订单式产学交替"人才培养模式相匹配，能够促使其人才培养的全面实施，推进改革实现更深入的发展。而随着新的"订单式人才培养"模式的实施，传统的教材已经不适合了，如果继续沿用以前的教材将给改革带来很大的阻碍，不利于校企双方合作的深入发展。应该开发与"订单式产学交替"人才培养目标相一致的新型教材，使得二者相互配合，以更好地实现人才培养的全新目标。

其二，教材对于高职工商管理专业的教育和课程体系发展是非常重要的，是体现高职教育先进观念的"根本"，其不仅要科学合理地让学生从中学习到深刻的理论知识，同时还应该体现对学生的职业能力训练。开发新教材，教师在课堂上进行教材的知识传播，实际上也是对学生进行一种新型观念的教育，不仅能够起到提升学生专业学习观念的作用，加强学生对自身专业的深刻认识，增加对专业的归属感与认同感，还可以有效提升教师们的教育教学能力。

其三，开发和创新教材，还能够为整个高职教育的教材创新提供既有深刻价值，又具有一定借鉴意义的榜样范本。

（一）教材开发的基本原则

高职工商管理专业在推进"订单式产学交替"人才培养模式教材开发的过程中，也需要遵循工商管理专业教材开发的基本要求与原则，不能胡乱开发。概括起来应该遵循以下基本原则：

1. 以培养学生的职业需求为基础

在进行教材开发之初，要首先明确在现今时代发展之下企业对工商管理专业学生的职业能力发展的需求，并以其为基础为教材设定相应的职业能力目标，以此为中心设置学生实训的素材及项目，确定目标支撑以及拓展支撑知识的主要内容。在编排具体内容时，相关知识系统必须采取模块化的形式，在内容编排上也应该流程化，具体实施起来需要项目化，而学生的实训考核以及实训练习也必须遵循相关规律，走科学化、系统化的发展道路。

2. 以"课改"为本，在"课改"中完善和调整

在推进教材开发的过程中，要以工商管理专业新课程改革的相关要求作为教材开发的基本和依据，现阶段的"六位一体"的教材具有一定的创新性。因此，在进行新教材开发的时候，所确定的课程立项也必须是现阶段已经在实施中的"订单式产学交替"人才培养模式下的改革课程，而参与教材研发的教师们也应该同属于在"订单式产学交替"人才培养模式中参与课程教学，并积累了丰富经验、取得了良好效果的教师。没有经历过"订单式产学交替"人才培养模式的整个实施过程，没有获得关于"课改"的实际体验，没有关于新型人才培养模式的相关累积并获得了一定成果，要想编写出真正适合于"产学交替"人才培养的教学改革目标与要求的新教材，是难以实现的。此外，从另一方面来说，教材开发并非一个静态的过程，而是一个不断实践、不断调整和完善的过程。因此，即便新型教材已经开发出来了，还是要经过实践的检验，在实际运用的过程中发现问题，妥善解决问题，才能逐渐完善教材的内容。

3. 着重凸显对学生职业能力的培养

教材从根本上来说最终还是运用在学生的学习上，归根究底，学生才是使用教材的最终主体，因此必须以培养学生的专业素养与综合能力为中心来设置教材

相关内容。在知识点的设计上，应该以让学生可以学以致用为首要目的，必须以"必须和够用"作为基础，然后减少一些与提升学生专业能力不相关的纯理论知识。可以在开发工商管理专业教材过程中，对学生未来适应岗位发展需求所需要的职业能力进行具体分析。借鉴具体岗位工作流程，并将其编写在教材当中，还可以根据专业课程的总体目标以及各个不同教学模块的目标，设计一些针对学生的综合能力及职业能力训练目标，这样一来，也能够提升教材以"培养学生能力为本位"的思想，使教材具有较强的可操作性。

4. 走教材开发多元化道路

在进行工商管理专业教材创新与开发的过程中，不能走原先的老路，而要实现教材开发的多元化发展，这里所说的"多元化"主要指的是教材的开放化、立体化与多样化发展。其中，教材的开放化发展主要是指，在教材开发上不应因循守旧，而要广泛收集信息，吸收国内外相关课程开发的经验，走一条开放性的道路；而教材开发的立体化和多样化主要指的是，所开发的教材不局限于传统的纸质版教材，还可以通过多媒体手段等多种教学资源，将其与教学配套设施结合在一起。教学资源一般有多种多样的形式，主要包括最基础的纸质教材、多媒体课件、工具软件、电子教材以及试题库等。而高职教育改革未来的发展趋势也必然是实现教材的立体化和多样化，因为随着教学过程逐渐开放化和多样化，也必须建立一种与之相对应的多样化、立体化以及开放化的新型教材作为重要支撑。

5. 加强现场专家的参与度

教材必须要与教学结合在一起，要促使教学内容与实际职业工作的紧密结合。因此，在教材开发过程中，也需要有各个行业和企业的人员专业指导。因为他们处在教材开发一线，对于当前专业的发展情况、企业相关岗位的实际工作要求等最为熟悉，也能够将这些最新的信息传达给教材开发者，最终体现在新版教材之中。

第二节 "订单式产学交替"模式的绩效评价

一、高职工商管理专业"订单式产学交替"人才培养模式绩效评价模型构建

要科学合理地评估"订单式产学交替"人才培养模式,首先需要做的是选择一个较为科学的评价指标体系,在此基础之上,通过对各项指标进行测量,为高职工商管理专业的"订单式产学交替"人才培养模式确定相应的量化标准,进一步为高职工商管理专业"订单式产学交替"人才培养模式改革提供方向性指导。

(一)选择合适的评估方法

绩效评估手段方法主要指的是由相关绩效评价所得的基本数据而获得评价结果的一种手段,其连接了评价标准、评价指标与最终的评价结果。因此,从这一方面来说,在整个绩效评价指标体系中,评价方法占据着重要位置,是其不可缺少的要素之一。

评估高职教学培养模式的方式多种多样,根据"订单式产学交替"人才培养模式的特性,可以采取模糊综合评价法的方式对其绩效进行评估。

模糊综合评价法主要是一种以模糊教学作为评价基础的综合评价方法。这一评价法由美国的自动控制论专家查德于1965年提出。其最初是用来表现事物的不确定性,且这种评价方法有其自身优势,对于量化与评价那些不确定性的事物具有重要作用,其充分利用了模糊数学的基本方法及原理来科学地对事物进行评价。而采取模糊综合评价评判方式能够确定及量化评语的内容,这也使得其凸显出了定型化评价更大的优越性,即所得出的评价结果更加科学、合理。因为人才培养模式在模式实施的过程上具有抽象性、滞后性以及非直观性的特点,因此也直接促使在人才培养模式中很多绩效评价对象的相关因素具有模糊性和难以量化的特性。因此,采取模糊综合评估方法是非常合适的。

（二）建立指标体系

对高职工商管理专业的"订单式产学交替"人才培养模式进行评价是一个较为复杂的过程。因此要建立相应的指标体系，不仅需要有一线教学经验的教师们，还需要参考国内外的相关研究成果，并邀请专家学者进行指导。在对高职工商管理专业人才培养模式进行评价之时，不能忽视企业以及学生自身的评价，同时还要做到促进企业、学校及社会评价三大评价的相互融合，不能单一采用某一主体的评价，要通过多元主体评价的形式，增强评价的完整性、全面性和科学性。

（三）指标体系选取原则

在设计人才培养模式评价指标体系的时候，还需要遵循一些基本的原则，首先要遵循的是统计学的基本发展规律。其次，还要以科学性的指导原则为重要指导，只有这样才能确保绩效评估成果的客观性与有效性。

从高职工商管理专业"订单式产学交替"人才培养模式的具体实施过程以及实施目标出发，笔者认为在高职工商管理专业"订单式产学交替"人才培养绩效评估指标体系的选取上，应该遵循以下基本原则。

1. 科学性原则

首先，高职工商管理专业"订单式产学交替"人才培养模式的绩效指标选取，要坚持的是科学性原则，必须在选择指标过程中，坚持"科学为本"的思想与态度，在选取指标过程中所获取的资料应该都与评价对象之间存在某种直接的或必然的因果关系，或是二者之间有着直接的影响，与"订单式产学交替"人才培养模式的发展规律相一致。

2. 综合性与可操作性相结合的原则

因为"订单式产学交替"人才培养模式涉及的主体范围非常广，包括了高职院校、企业、学生等，因此，在选择评价指标的时候也应该将这些主体都涵盖和考虑进去，作为指标选取的重要参考因素。须在指标选取过程中充分考虑三方综合性的原则，并将那些能够获取到的信息资料都放置在评价指标内容中去。

3. 指导性原则

高职工商管理专业的"订单式产学交替"人才培养模式的绩效评价指标体系在设计上须体现出高职工商管理专业通过采取"订单式产学交替"人才培养模式取得人才培育的效果。因此，其也是人才培养的现实水平的重要体现。只有从现实着眼,才能促使我们获得更为精准的客观数据,并分析得出最终结果,对"订单式产学交替"人才培养模式中的一些内容进行调整与完善,确定最适合其实施和发展的方式,推动"订单式产学交替"人才培养模式的良性运行与发展。

4.兼具先进性与可行性的原则

需要看到的是,在高职工商管理专业"订单式产学交替"人才培养模式绩效评估指标体系建立过程中,其是以院校当前的人才培养发展的现状作为重要基础与前提的,因此需要考量"订单式产学交替"人才培养模式的非固定时空性。要看到影响其人才培养模式发展的因素是多变的,属于动态发展的范畴,因此,在选择指标的时候也要不断与时俱进,须具备高瞻远瞩的眼光,放眼长远的未来发展。

(四)构建指标体系

以上述指标体系选取原则作为基础,还可以借鉴一些学者与"订单式产学交替"人才培养模式相关的绩效评估量表,其中"订单式"人才培养绩效评估量表具有针对性和权威性。与此同时,除了绩效评估量表之外,还应该向企业的专业员工以及专家学者和相关专业发展部门进行咨询,以获得指标建立和实施的建议。在构建指标体系的过程中绝对不能忽视学校、企业及学生这些与"订单式产学交替"人才培养模式密切关联的主体,在对这几大主体所包含的资源和意见等进行梳理之后,在形成统一意见的情况下方可进一步确定订单式产学交替人才培养模式的评价指标,并构建出相应的评价模型。

(五)评价指标类型及要素分析

"订单式产学交替"人才培养模式的主要表现形式为校企双方的订单合作,其涉及的利益相关者主要包含了企业、学校以及作为"订单式产学交替"最大主体的学生。而作为这三方来说,选择"订单式产学交替"人才培养模式各自有其不同的理由与诉求。对于学校来说,社会经济的快速发展给学校的招生、运营以及就业等带来了严峻挑战。在这种背景之下,学校不得不开始寻求新的人才培养方式,继而选择"订单式产学交替"人才培养模式;而对于企业来说,则是为了节省人力资源成本,招收到更多满足企业发展需求、适合企业文化的人才,这种"订单式"的人才培养方式也就意味着企业能迅速解决自身人力资源匮乏的问题;而对于学生和家长来说,既想学到一些真正有用的、能与社会接轨的知识与技能,又想获得一份"就业"的全面保障。这些理由让他们选择了尝试并接受"订单式产学交替"人才培养模式。虽然他们的选择的理由与角度各不相同，但是最终都将达到一样的结果，即为社会培育更多的高质量工商管理人才，推动社会不断向前发展。

而几大主要的评价要素则包括以下几个方面的内容：

1. 教研绩效

这一评价指标所调查的主要是"学校"这一利益主体，即了解其在"订单式产学交替"人才培养发展过程中在具体教学绩效以及教学改革方面所获得的成效的相关情况。

一般而言，教研教改主要涵盖的调查内容包括了强大的师资建设、教研成果反馈、实训基地建设、教改（课题）建设、论文教改等。其中师资建设对于人才培养的质量起着重要作用，其主要决定着教学改革的最终成果；而实训基地建设的出发点主要在于跟上时代的发展步伐，与社会对人才培养的要求接轨，只有不但完善相关的实训基地基础设施建设，才能真正地让学生有实训的场所，并有机会掌握实操技能。而相关的教研成果与项目及论文教改则主要是从教师是否更新了教学观念，并不断推进教育教学研究的方面来说的。对于广大高职教师来说，与时俱进，不断在实践教学中积累经验，探索新的教育发展规律，收获"订单式产学交替"人才培养模式的教学成果，有条不紊地引导教学活动有序开展是非常必要的。而这里还讲到了一点，即"教学效果"，其主要指的是对学生参加各种竞赛的结果以及教师的教学工作进行调查。这个调查的范畴也比较全面，既包括了课堂理论教学、实践教学，还包括了引导学生参加实训工作及指导学生参加各项竞赛所获得的成效。而这一指标主要是对教师的考察，不仅考察其传授知识、教书育人的能力，还考察其在课堂上各种教学手段的应用效果，从学生的各项竞赛的结果等来评估学生所理解知识与掌握技能的程度，总体评估课程效果。

2. 学习绩效

对于广大学生而言，其"本职工作"就是学习，而这里所说的学习绩效主要是指学生在特定时间内，通过参与各种学习活动所收获的学习方面的知识、所产生的行为及素质的连带变化。这一绩效评估的对象主要是学生的学习效果、品德素养，以此来评定学生通过"订单式产学交替"人才培养模式所收获的改变。

其中对学生品德素质的评价的主要内涵在于评价学生在日常的学习与实训工

作过程中能否遵循各项规章纪律，是否积极向上、思想端正，重点在于评价学生在无人监督的情况之下的学习与实训状态。这样也可以更好地看出学生的自律性和学习主动性，同时还可以看出学生对"订单式产学交替"人才培养模式的认可程度。

而对学生的学习效果的调查则主要针对的是，学生的服务意识与技能、基本理论知识是否掌握了，可以从专业比赛的获奖情况、学习成绩等方面着手进行评估。

3.使用绩效

"订单式产学交替"人才培养模式与企业相关绩效评价，主要在于评估参加订单培养的学生在成为正式企业员工之后的工作状态。

其中，对工作状态的评价主要包括工作完成的能力与效率、自我调控能力、环境适应能力以及团队协作能力等方面的内容。可以从这些方面来评定与调查学生。而主要的调查方式既可以通过调查和访谈等了解在订单企业中毕业生的实训、工作以及学习和生活的状况，还可以通过调查其在工作单位的操作技能水平、工作态度、沟通与人际关系、工作质量等来实现。

二、在"订单式产学交替"人才培养模式下对教育教学方法的评估

（一）"订单式产学交替"的教育教学办法

1.教学模式设计

在"订单式产学交替"人才培养模式当中，要始终坚持"教、学，做"三者一体化发展。在模式设计上则通过以典型的控制类产品为重要载体来组织学生进行教学活动，而这也能够将实训操作技能与内容的相关环节增加进来，促使其相互融合。具体来说：

（1）应该坚持让企业加入学校的专业课程建设与课程开发之中。一个专业的成立，至少应该通过企业所设立的相关企业发展就业指导委员会的认可，并真正让这一专业的学生参与到实际的实习工作当中去。而企业选派专业人员参与课程开发也可以确保实际教学内容能够切实满足企业各项发展需求，与实际的生产和工作内容相一致。与此同时，高职工商管理专业的专业教师也可以定期前往企业

了解最新的、最前沿的技术信息，并为企业提供一定的信息服务。

（2）企业进行现场参观。在课程开始前，专业教师可以带领学生前往企业进行现场参观，这也能够更好地让学生直观地了解企业的工作场景并对企业管理系统有一个全面的认识。

（3）进行综合课程培训。这里所说的对学生进行综合课程培训，主要是进行"系统集成"的相关培训。根据所签订的实训任务书上的具体要求，运用现有的基本资源，让学生独立完成整个实训任务。在实训过程中既要培养学生在面对客户之时的良好沟通能力，也要培养其合理利用材料与资源来解决问题的能力，除此之外，还要培育学生敢说敢做、勇敢创新、大胆实践、实事求是、独立思考的科学精神。

（4）进行现场实训教学，可以通过校企合作的形式，带领学生去往实训基地进行直接的现场教学，还可以充分利用双方资源，聘请一些具有丰富经验的员工进行现场实操训练讲解，让学生亲身体验企业的真实工作场景，深刻感受企业现场的管理业务。

（5）进行顶岗实习。包括了至少16周的学时，可以充分应用校企"订单式"合作下的实训基地，定期安排学生参与顶岗实习。进一步增强学生将理论知识运用到实际工作中的能力，在生产实训过程中，实现从一名学生向管理者的方向转变，有效提高学生通过自己所学习的理论知识发现问题并解决实际工作问题的能力。

2.采用多种教学方法

（1）现场教学法

这一教学方法主要是指，由教师前往学生实习的企业进行现场教学，对学生的实训工作进行指导，帮助学生解决疑惑，让学生更快将理论知识与实践操作有机结合在一起。让学生能够随时随地地学习技能操作的相关知识，增强学生对知识的理解能力，加深其对专业的感性认识，这样一来学生能够迅速掌握抽象的理论知识。

（2）以项目为导向的任务驱动教学法

在具体教学过程中，应该坚持以"订单式产学交替"的发展模式为基础，以项目为导向，以具体任务为驱动，提高学生进行技能学习的主动性与积极性。可以通过实施一个项目，并将这个项目贯穿于整个课程学习的过程中，确定项目的内容，以此为基础将课程所涉及的知识点分为多个单元。在课程开始之时，教师应该向学生介绍课程的总体项目任务、所要实现的目标以及需要解决的问题和最终要提交的项目作业。在一个项目之中，其具体内容应该与教材和课程以及实训的内容相接，让学生可以灵活地进行学习。而根据项目任务的难度不同，可以采取两人一组或者三人一组的形式让学生通过合作来完成。在每次上课之时都要让学生随身携带项目计划书以及学习资料。老师在讲课的时候应该注重将理论知识与实操技能有机地结合在一起，重点培养学生善于提出问题、探索问题以及解决问题能力，增强对学生的创新意识以及综合性技术应用能力的培养。

（3）案例教学法

在实际的理论教学过程中，教师还可以采用一些国内外较为经典的实操案例给学生进行讲述，这就是我们常见的案例教学法。这一教学法虽然也有一些弊端，但是有利于学生更好地理解一些抽象的理论知识，能够有效地激发学生对专业的兴趣，提升其参与课堂教学的主动性与积极性。在案例教学法中，教师可以多向学生提问题，养成学生独立思考、分析和解决问题的能力，并鼓励学生不断提升自己的创新能力。同时，还要抓住机会，引进企业先进的管理方式进学院，将学生的校内学习与实训工作结合在一起，促进专业课程的长远发展。

（4）"教、学、练、做"的四位一体教学法

教师在讲述理论知识与实践技能的过程中，还可以创新采用"教、学、练、做"四位一体的新型教学方法，让学生边学边做，边练边做，做到将学习理论知识、练习操作技能相互交叉在一起，实现"学"与"做"的结合，理论与实践的统一，促使学生巩固理论知识、熟练掌握实操技能。

3. 采取多种教学技术手段

在实施"订单式产学交替"人才培养模式之时，还需要充分发挥各种现代的教学技术手段的作用，使教学更加生动、直观，吸引学生的注意力。同时，采取现代化的教学手段也是与时俱进、顺应人才培养发展趋势的重要方式，具体来说，要详细考虑以下三个方面的内容：

（1）整个过程都应该采用多媒体教学手段。

（2）可以适当采用一些现代的辅助教学方式。在实际教学中，教师可以运用虚拟的项目目标对学生进行仿真性的实操技能教学，丰富教学内容，使教学更加有趣形象，极大地激发学生参与课堂的积极性与兴趣。

（3）可充分利用各种网络信息资源。很多安排了实践课程的学校，会在网络

上共享一些课程资源。教师可以鼓励学生在网上下载一些相关的网络课程资源进行自学,包括具体的案例分析、专家课程视频、技能测试题库以及其他参考资料等。

第三节 "订单式产学交替"模式的保障机制

高职教育在我国的各类教育中与社会经济的发展联系是最为直接与密切的,且很多职业教育都属于为当地经济发展所服务的教育。而高职教育的发展也与当地的区域经济发展有着紧密的联系。要真正发挥高职教育的作用,还与这一职业教育的发展速度、发展规模、专业设置科学性以及整体的发展水平等相互关联,且作为院校的一些特色专业也必须要与该区域的经济产业结构以及产业对技术型人才的发展需求相接。只有这样,才能更好地推进高职教育对地方经济的服务。而要推动"订单式产学交替"人才培养模式的发展,为其建立相应保障机制也是非常必要的,主要可以从以下几个方面为"订单式产学交替"人才培养的发展建立保障。

一、加强政府相关行政部门的积极引导

工商企业管理专业的"订单式产学交替"人才培养模式在形式上仍然属于校企合作范畴,但是校企合作关系往往不是静止的,而是具有动态性特征的,学校和企业并不是一一对应的关系,往往一个学校可以与很多企业开展不同专业的合作,而一个企业也可以与多个学校开展合作。这就意味着,在合作方的选择上存在着很大的竞争。从法律地位来说,无论学校还是企业,二者都具有平等地位。因此双方都不能因为其他的经济优势或者人才优势而凌驾于另一方之上,双方应该秉持着平等尊重、互利共赢的合作理念,而真正实施起来,仅凭两者的自律是难以达到的,因此,为了更好地确保校企合作的稳定、健康发展,相关部门应该制定相关政策,约束和规范双方的行为。具体来说,可以建立市、区级的政府指导委员会,由教育、人事、劳动、社保等部门联合组成"订单式产学交替"人才培养模式委员会,对院校与企业的"订单式产学交替"人才培养工作进行指导、监督与调控,并根据其不同阶段存在的问题与发展需求,出台推进"订单式产学交替"人才培养发展的相关政策;其次,可以促成校企合作董事会的形成,这一

董事会由学校与企业组成,二者共同商议和制订培养方案、完善制度并相互保持亲密的联系,促进双方合作的长远发展。此外,还可以设立专业指导为会员,推动"订单式"合作的具体计划,为学校的专业设置、课程建设等提供相应的建议。

二、进一步完善"订单式产学交替"人才培养的法律法规

从职业教育的发展背景和发展历史来说,国外的相关经验给了我们很多引导和启示。其中,最重要的一点就是要促进人才培养模式的法制化发展,如果缺乏相应的法律基础,很多人才培养创新都将被扼杀在摇篮里,难以真正地实施起来,起到推动社会经济发展的重要作用。建立与完善一个推动高职工商管理专业"订单式产学交替"人才培养模式、实现可持续发展的法律法规体系,首先,需要以《职业教育法》为基础,以不断强化高职教育服务于企业、行业以及广大社会的意识,获得更多的社会支持,贡献社会为远大目标,以区域实际发展情况为准,联合教育部门与劳动部门共同研制具有地方特色的职业教育中的与校企合作相关的法律法规,以确保院校与企业所签订的关于实训基地建设及资金投入等方案的落实,对双方形成一个制度上的约束,以督促其履行各方职责。

具体来说,在以下三个方面还有待加强:第一,是要对现有的关于人才培养的法律法规制度不断进行调整与完善;第二是要促使政府加强对高职院校与企业之间的"订单式产学交替"人才培养模式给予重视,并积极地制定新的行业法规;第三是要加强执法力度,在法律的范围下保障校企合作双方的合法权益。

三、建立互动体系,保障"订单式产学交替"人才培养模式下的校企融合

外部环节的改善与支持虽然能够为院校实施"订单式产学交替"人才培养模式提供一定的保障,但是除了良好的外部环境外,还需要建立一个和谐的校企双方的内部互动机制。"订单式产学交替"人才培养模式在实施的过程中也存在一些不足之处,就合作的主体来说,校企双方也有着各自的弊端及优势,而只有双方都能扬长避短,发扬优势,才能更好地保障人才培养模式的长远发展。作为学校方来说,不仅要以当地的经济发展条件为基础,加强与合作企业之间的深化交流,准确地探析社会发展需求,分析不同企业的岗位人才需要;而企业则需要重视对

市场信息的监测,将收到的有用信息反馈给学校,让学校有针对性地为自己培养专业人才,在这个过程中实现利益的最大化。具体来说,主要包括以下几个方面的内容:

(一)院校需加强自身建设,打造专业品牌

1.密切关注学生的行为,提高学生的综合素养

院校需要密切关注学生在校内以及校外的生活习惯,其中最为重要的在于提升学生的自我管理水平。在以往的教学模式中,提升自我管理水平主要通过教师向学生灌输理论知识并让学生一味地记忆来加深自己对管理制度的认识。而在新的"订单式产学交替"的教学模式发展过程中,可以让学生在实践技能的学习过程中潜移默化地了解企业的管理,内化自身的约束,进一步提升学生的职业素养、道德素养等综合素养。

2.改革课堂教学模式,以学生为中心

一般来说,职业学校的学生有自身的特点,比如基础课较差、较为叛逆等。但是在"订单式产学交替"人才培养模式的实施过程中,在工商企业管理课堂教学上,应该创新教学模式,引导学生成为课堂的主人,让学生积极地融入课堂,进一步提升学生自主学习的能力。

(二)企业要给予大力支持,并逐步提高经济效益

1.辅助学校完成实践教学内容

在工商管理专业的"订单式产学交替"人才培养模式实施初期,我们应该看到的是之所以企业愿意加入进来,主要原因在于通过该模式,能够培养出适合企业发展需求的高质量人才。他们无须再次进行培训,直接可以上岗,企业有义务来辅助学校完成实训基地建设以及相关资金投入,让学生能够有更好的环境进行实践技能的学习。

2.及时向学校反馈人才需求

学校对人才的需求实际上会受到企业对人才的需求的影响,因此企业应及时对人才发展需求进行预测,并将信息反馈到学校。相关实践证明,只有在企业对人才发展的需求数量达到特定数量的时候,才能实施"订单式"人才培养模式。而企业不仅要给学校提供相应的学生实习岗位,还需要对岗位进行分析,并将分析的内容反馈给学校,让学校以此为基础有针对性地选择相应的知识板块,使得

校企结合模式下培养的学生能够更好地满足企业的发展需要,为企业创造更多的价值。

3.建立奖励机制,提升企业效率

企业与学院签订了"产学交替"订单之后,企业并不能够完全获得学生的相关信息,对学生也不是非常了解。因此,作为企业来说,给学生安排的工作岗位,学生是否能够胜任是不确定的。因此企业需要建立相应的激励机制,让学生在工作过程中更能够发挥积极性和主动性,提升工作效率。

四、强大的师资保障,确保"订单式产学交替"人才培养模式的良性运行

为了确保"订单式产学交替"人才培养模式的良性运行,还需要不断提升实践指导教师的教育教学能力。教师职业教育教学能力,主要包括观念与技术两个方面的内容。在观念层面上的教师保障主要是指在"订单式产学交替"模式实施过程中的任课教师都应该具备职业教育所要求的基本的职业素养以及教学思想,而技术层面则主要指的是,教师在进行教学组织与设计过程中应具备相应的教学技巧。

对于广大的高职工商管理专业的教师们来说,其教育教学能力主要表现在以下几个方面:首先,是体现在对学生的思想培育上,要帮助学生树立正确的职业价值观,形成良好的职业道德;其次,教师需要具备相应的专业素养与能力,能够自主进行教学设计创新,并展开专业核心技能培训活动。具体来说,院校可以对教师展开相关培训工作,通过一系列的培训促进教师思想观念的转变,提高教师的教学能力,主要包括以下几个方面的内容:

(一)"以测代培"的方式

"以测代培"指的是,应该定期对工商企业管理专业教师的课堂教学过程、教学效果以及教学设计等进行测评。通过同行间测评、督导测评以及学生"评教"的方式来帮助教师发现现存的问题,不断完善、改进和提升自己。除了这些传统的测评方式,还可以采取新型的说课测评的方式,即被测评的教师在规定的时间,结合课件演示的方式,给测评组成员以及旁听的教师讲述课程,然后测评组成员以及旁听老师向被测评者提出问题,让被测评者进行答辩,最后由测评组成员根

据被测评教师的表现，给其进行评分。在这一过程中实现了被测评者、测评者以及旁听者的三方互动，使测评能真实地反映出教师的教育教学能力。

（二）以赛代培的方式

"以赛代培"是指，学校通过举办说课比赛、教学设计比赛以及参加课程教学比赛与调研报告大赛等，将培训技能融入比赛当中，让工商企业管理专业教师通过参加各种比赛活动，学习先进的教学思想、教学方法与教学模式。值得注意的是，在"以赛代培"当中，要注重全员的参与性，各个部门在进行初赛阶段，全职、兼职教师都要到场，而在进行决赛的时候，他们也同样要参与观摩，只有这样，才能形成一个良好的氛围。

（三）"以研代培"的方式

除此之外，要保证教师的质量还可以通过课程教学改革的形式，组织教师进行集体研究新课程改革的相关内容，组织进行专题讨论。在集体研讨的过程中，因为涉及的信息非常广泛，所以要考虑的因素也是非常多的。参与人员可以在一起进行思考和讨论，发挥自己的专业优势，创造"思维共振"的局面。因此，组织工商管理专业教师召开专题研讨会能够促使所决定的方案和政策更具有科学性，这是一种获得最佳方案并提升广大教师教育观念和职业技能的有效途径。一般来说，集体研讨会可以分为两种，一种为会议形式，一种为非会议形式，也可以将两种形式结合起来实施。

（四）共享各种优质教学资源

教师们都收获了很多的优秀获奖作品，包括了教学设计、说课比赛录像以及调研报告等，这些都是较为优质的教学资源。因此院校可以利用互联网的优势，建立专门的教师资源共享平台，将这些优质资源共享。而在共享这些优质资源过程中，教师既是分享者也是共享者，在学习他人的优秀教学设计或者说课稿件时候，也可以审视自己的不足，不断转换教学观念，不断寻求教学上的创新。

（五）前往企业进行顶岗实践

在工商管理专业教师的教育教学能力之中，教师的专业技能也在其中占据着重要地位。在现今时代发展条件下，高职教育的教师不能只会空谈理论知识，不会实际操作，这是非常不合格的。现在高职工商管理专业在进行教师招聘的时候，都会选择"双师型"教师，即选择那种既有扎实的理论知识储备，又具备较强的职业操作技能的老师。因此可以看出现在对老师的职业素养的要求也在不断提高，让教师前往企业进行顶岗实习也是非常必要的，这既能够给学生起到很好的榜样带头作用，还能丰富教师自身的职业工作经历。在企业实习过程中，教师只需将自己熟悉的理论知识运用到实际操作当中去，就能够迅速地提升自己的操作技能，促使自己进一步提升课堂教育教学能力。正是自身有了实习的经历，所以在课堂教学上会更加得心应手，相关案例也较为真实，具有实用性，能促使学生更好更快地吸收理论知识。与此同时，让教师前往企业进行实习，也能够更深入地推动校企合作"订单式"人才培养方案的开展。但是，让教师前往企业进行实习之时，也需要事先做好计划与安排，督促教师完成相关的总结与考核任务，确保实践获得相应的成效。

第八章 高职工商管理专业"订单式产学交替"实践教学体系构建与实施

第一节 "订单式产学交替"实践教学体系的理论基础

一、人本主义理论

（一）人本主义

1. 人本主义

马斯洛创立的、以罗杰斯为代表的人本主义理论是心理学上较为重要的理论，人本主义与其他理念的主要不同是侧重于人的根本和主要价值，主要开展方向是人的成长及发展经历，避免"物极必反"的理念影响人类的发展。

2. 人本主义教育

人本主义教育理论以人本主义心理学为基础，把人本主义心理学和人的教育发展结合，以培育"完整的人"为基本目标，不断地将人的精神、身体、理智和感情升华为一体，使人的内部世界和外部世界互相衔接，不断创造和探索新鲜事物。

人本主义教育理论认为每个人都是不同的个体，每个人都有不同的思想，不同的个体和不同的思想创造出不同的价值。在人本主义教育过程中，要注重人的自由性和两面性，究其根本是能够使学习的人感受到人才是教育的载体，人本主义教育的理念是培养心理健康的人，使他们能够自由地、欢快地进行学习，深刻地理解到人本主义的终极意义，提升自我的品质，给自己带来幸福感、荣誉感。

3.人本主义教育理论的主要观点

人本主义教育理论把马洛斯的人的"自我实现"进行延伸,强调人的自我发展是实现人本主义教育的前提。教育不是单纯的培养,重点应该是培养人的思想能力和理解能力,"授之以鱼不如授之以渔",只有个人的理解和较为深刻的理论相互结合,才能培养出"完整的人"。"完整的人"不仅仅自己是完整的,重要的是自己完整的同时还能给他人带来完整,给他人带来积极、正面的影响。

在人本主义教育过程中,学生是教育的关键,指导者起到的是指导及领航的作用,不要过多干涉学生思想,不要局限于书面上理论的教育与传导,指导者与学生的关系一定要比较轻松。教育不是灌输,一定要重视学生的好奇心,满足学生的好奇心,激发学生的潜能。指导者与学生互帮互助才是理想中的人本主义教育思想,指导者要尊重学生,实心实意地对待学生,将自己当成学生的伙伴、朋友,无条件地接受学生,与学生共同进步。作为指导者,一定要善于观察,能够洞察学生的内心世界,揣摩学生的内心想法,调动学生的欲望,让学生感受到学习并不是一件痛苦的事,适当地鼓励和表扬更能促进学生学习欲望,激发学生积极性。同时欢乐的学习氛围更加能够增加学生的学习兴趣,一定要促使学生自发地学习,让学生自发地、主动地去学习,不断地想要接触新的知识,不断地想要被指导,不断地进步。

(二)"以人为本"的管理理念

"以人为本"就是从人的角度出发,以人的思想、感知、感触等综合感受为前提,以人的全面发展为目标,健全人力资源管理机制,完善人员管理,促进企业的经济发展。"以人为本"的出发点和中心点是人,因为人是企业发展的根本,只有企业重视人的发展和培养才能提高企业的核心竞争力。"以人为本"主要应从重视人的需求、鼓励员工、培养员工、组织设计以人为中心四方面进行开展,坚持以人为本、理解人、尊重人、关心人能够让企业的工作氛围更好,员工更加尽职尽责。

二、建构主义理论

(一)建构主义

建构主义是知识和学习的理论,最早提出建构主义理论的是瑞士的心理学家皮亚杰,经后期的斯滕伯格和卡茨等人进一步研究发现,个人的主动性是建构主义的重点。建构主义主要包含图式、同化、顺应、平衡四部分。顾名思义，图式指的是人在看到或感受到某些东西后在大脑深处勾画出的图形。同化指的是人在受到某些特定事物的影响下，将大脑深处原有的图式进行拆分，再进行融合，把特定事物造成的影响同化成自身的一部分的过程。顺应指的是在某些特定的外部或内部环境变化时，自身的认知结构不能全部同化后剩余一部分的新鲜的事物，无法进行同化，不断地接触新鲜的事物，只能顺应新鲜事物的发展。平衡指的是学习的人通过自我调节的方式，从一种状态变换为另一种状态的过程。

（二）建构主义教育

在建构主义教育时，学生、指导者之间的关系十分重要，学生可以在指导者的指导作用下学习很多的新鲜事物，所以说指导者与学生间的关系变得尤为重要。如果学生的内心对指导者有一定的抵触情绪，那么学生的学习情绪根本无法专注，学习的效果则更加差，指导者也就失去了作用，同时学生与学生之间的交流、学习、讨论也是能够提升教育效果的方式，鼓励学生互相讨论，发表自己的见解，阐述自己的个人观点，同时互相理解、互相思考也能够拓展自己的思路，了解到不同的学习重点，学习到不同的理念，感受到自身与其他学生的差距，将差距转化为前进的动力，不断地反省，不断地挖掘自身的潜能，不断地接触新的思路和方法，促使自身不断地进步，顺其自然地提升自己的能力，同时在学习过程中享受学习的快乐，了解自身的成长经历。

（三）建构主义教学理论的主要观点

建构主义教学理论的主要观点是学生在学习过程中的自我认知和调控。在学习过程中，指导者应该指导学生对自己所学的内容进行判断，反思自身在学习过程中的不足之处，学会自我反省和自我调节，增强学生自我问题的解决能力和自我反省能力。"方法永远会比困难多"，指导者的主要作用就是要能够给学生带来新的思想，指导者协助学生形成正确的人生观和价值观，帮助学生解决其自身存在的某些问题，和学生共同建立知识体系，搭建良好的学习平台，从根本上解决学生的困难点和不足点。指导者不仅仅是传递知识的人，更应该了解知识的转换，以情触景、以景生情才是最直观的教育模式。指导者是知识的媒介，应重视学生丰富的感情和想法。建构主义教学的目的是培养"终身学习者"，使这些"终身学习者"能够控制自身学习，能够自我制订学习计划，按照计划按部就班地学习新的思想和新的事物，不断地提升自身的学习能力和反应能力，不断地使用新的方法来进行自我反省，规避自身的不足。随着社会的进步和发展，"终身学习者"也在不断地进步，不断地提升自身的能力，掌握真正的知识和解决问题的思路。

建构主义教学不同于传统的思想式教学，建构主义教学更加强调以人为本，从人的角度出发，根据学生的自身感受和指导者的丰富经验来不断促进学生的能力。建构主义教学理论架构清晰，层次分明，推崇理论与实际结合，学生与指导者相互配合，学生与学生之间相互交流，提升学生的专业知识。

第二节 "订单式产学交替"实践教学体系构建的驱动系统

一、以企业需求为基本导向，明确实践教学目标，合理设计实践教学内容

高职工商管理专业采取"订单式产学交替"人才培养模式的主要目标，是培养工商管理类的高职应用型人才，这也是其不断构建和实施相应实践教学体系的重要原因之一。学生通过"订单式产学交替"人才培养，不仅能够在实习中学习到许多课堂上难以学到的内容，还具备了能够为企业创造出更多价值的实操能力。而这也是促使企业与院校开展合作，签订"订单式产学交替"人才培养协议的重要前提。

在构建工商管理专业"订单式产学交替"人才培养模式实践教学体系的驱动系统之初，首先必须以企业的发展需求为重要依据，明确实践教学体系的重要目标，并对实践教学体系进行合理设计。每个企业都有其特定的发展使命与发展方向，"订单式产学交替"实践教学体系的构建也应该以此为基础，按照企业的特点进行量身定做。高职教育的发展与全日制本科院校的发展目标有一定的差别，因此，对高职教育下的工商管理人才进行实践教学，应该更突出对其实操能力的培育，因而，其应该与理论教学所占据的地位是一致的，在教学过程中应该按照1∶1的比例进行合理配置，以提升和构建学生的管理技能为主题，按照基础技能、专业技能以及综合技能等进行不同层次的划分，有计划、有规律、有目标地完成实

践教学体系内容，让学生一步步地产生对自身专业的深刻认同感。

其次，还应该明确实践教学环节中的具体目标和阶段性任务，让学生能够通过实践教学体系，学习到真正的、完整的、必须掌握的以及系统的专业技能。因此，无论是在轮岗实习中，还是在毕业实践过程中，都应该针对高职工商管理专业的专业特点以及学生未来的就业方向，安排相对应的实践学习课程，这一实践体系内容确立也必须与企业所提供的岗位具有一定契合性。事实上，在"订单式产学交替"的人才培养模式中，许多实践教学内容都是在学生实习过程中完成的。因此，在时间安排方面，在学生与企业签订实习合同之后，在这一学期内，应该安排学生进行第一阶段的学习，这一阶段的学习时间不用安排太长，主要的实践目的在于将理论学习与实践学习结合在一起，让学生对于所在的企业、行业有一个初步的认识与理解，激发学生对本专业知识的学习兴趣。而第二个阶段的实践学习，我们将其概括为见习实习，这一实践学习可以安排在第二学期。以"订单式产学交替"模式为途径，通过一段时间的"产学交替"学习，学生也掌握了与专业相关的基本实操技能，在这一情况下就可以给学生安排一个月以上的实践任务。这种方式既可以提升学生的实操技能，与此同时，也利于让学生进一步了解工作环境。而在毕业实践上，则可以采取实习加就业的方式，实践学习时间则主要安排在第三学年的第二学期，在这一期间，订单公司应该选派专门人员对参与学生进行全面的了解和分析，确保整个"订单式"实践模式具有较强的针对性。

二、大力推进实践教学的教材建设

高职工商管理专业对于人才的管理职能、沟通技巧以及组织能力等都有一定的要求，因此在进行人才培育的过程中也需要培养那些综合素质较高、善于发现问题并能够应用自己所学到的理论知识与实操技能实际解决问题的专业人才。因此，在进行"产学交替"人才培养的过程中，需重视专业特点以及培养目标，这也是实践教学体系的重要内容之一。因而，以此为基础，在进行高职工商管理专业的实践体系教学构建中，高职工商管理专业实践教材建设也必须与提升学生的文化素养、专业素养、思想素质以及身心素质等职业素质以及社交能力、组织能力、操作能力、管理能力等各项职业技能紧密地联系在一起。

此外，我们还应该意识到，在高职工商管理的实践体系发展过程中，实践教材作为其教学内容的重要载体，是进行课程设置的基础，因此，建立一个系统化的实践教学教材是推动高职工商管理专业实践体系发展的动力支撑。

一方面，实践教材是表现高职工商管理专业特点及优势的重要载体，是进行实践体系建设的重要依据，是提升高职工商管理实践教学质量的重要保障。

另一方面，现阶段，在高职工商管理采取"订单式产学交替"模式进行实践教学体系构建的过程中，实践教材构建是一个薄弱的环节。因为现阶段，很多高职工商管理专业的实践教材较为单一，也导致了很多教师只能够以自身的工作和教学经验以及课程所需进行对一些教材没有讲述但是实际非常重要的知识点进行简单概括。

因此，总体上来说，在现今的高职工商管理专业实践教材体系构建的过程中，缺乏一整套科学、完善的专业教材，而要真正地运用"产学交替"人才培养模式提升广大学生的实操技能，提升学校的实践教学水平，加强实践教材建设是非常必要的。对高职工商管理专业实践教材进行深入研究及开发，能够有效地提高实践教材质量。同时，还可以成立一个由教师、学生以及订单企业所共同组成的实践教材编制委员会，最终的教材编研成果主要应用于广大学生。

因此，在编写过程中，也应该以行业的发展需求以及学生的兴趣为首要出发点，深入探析"订单式产学交替"人才培养模式的教学方法、教学目标以及知识维度与考核评估方式，根据现阶段相关行业企业的发展现状以及教育教学领域的研究成果，编写出既具有学科特色，同时又与行业的发展相一致的高职工商类管理教材。在编写的过程中也要注重教材的科学性与系统性。院校应该对学校内编写教材的人员给予鼓励以及相应的补助，激励他们继续在实践教材的建设工作上贡献力量。在教材开发应用之后，还需建立一套完善的教材质量反馈及评估体系，发现教材的不足之处，推动高职工商管理专业实践教材实现新的飞跃式发展。

三、加强"产学交替"实践教学师资团队建设，运用企业资源培养"双师型"教师

在"产学交替"实践教学模式构建过程中，进行"双师型"队伍的构建是其重要的发展基础。在建设师资队伍体系上，一方面需要加大内部的培养与挖掘，通过出台各项优惠政策，鼓励教师进行深造学习，提升老师们的知识水平、职业素养等，加快一部分理论型教师转化为实践型教师的步伐。同时，还需要鼓励教

师进入企业进行实习，让教师进行主动性学习，在行业环境中锻炼和提升自己的职业技能，鼓励他们拿到更高一级的专业资格证书，申报第二职称。另一方面，要严格掌控学院的教师人才引进工作，在招聘教师的过程中，必须注重教师的职业技能，优先选聘那些具有较多实践经验以及行业经验的人才，对于新教师的实操能力提出具体要求，促使其能够尽快完成实践性教学内容。此外，还可以去往企业兼职聘任那些有较多从业经验的管理人员，也可以引进客座教授，通过"一岗一聘"和"一事一聘"的方式，让工商管理专业具有一支实践经验丰富的教师队伍，提升实践教学质量。

随着工商管理教育的不断发展，其理论与实践课程之间的界限也不再明晰，在实践教学体系构建过程中，高职院校内能否拥有一些水平较高以及实操能力较强的"双师型"教师，也是"订单式产学交替"人才培养模式实践体系能否发挥其作用、获得成功的关键因素。这里的"双师型"教师主要是指的那些既具有扎实的理论知识，同时又掌握熟练的实操技能，既拥有丰富的教学经验，又具有管理类的资格证书的教师。当前，在我国的高职工商管理专业中，能够满足此类要求的专业教师非常少，许多高职工商管理专业缺乏一定的实践经验和丰富的从业履历。因此，为了更好地扭转这一现状，作为高职院校，应该加强"产学交替"发展模式，着力于打造"双师型"队伍。在学生进行轮岗实习的过程中也会遇到许多问题，这时，需要有更为专业的教师进行相关指导，因此，在学生学习和掌握实操技能并解决现实问题的同时，教师实质上也在接触新的现实性的实操类问题。此外，还可以采取教师岗位轮换制度，让理论课教师与实践课教师进行岗位轮换工作，以确保所有的专业老师都能既具备丰富的理论知识，同时又非常熟悉理论操作；与此同时，还应该增强教师的能力，促使其与企业一同制订"订单式产学交替"人才培养模式下的实践教学体系计划，高职工商管理专业的突出性的学科特点，使得其对实践教学的要求也在不断提升，既包含了专项实践、企业实习，还包括了课堂实验以及模拟实验和实践与技能的知识传授等，而这些都需要专业教师的支撑。

当前，须加大对教师的实践知识传授、业务技能操作等实践教学技能的重视，在相关时间、政策以及经费等问题上给予教师们更多的发展空间，支持教师们参加各种讲座与培训，不断提升自己，鼓励教师前往企业进行学习和深造，也为教师提供更多的外出学习机会，以不断丰富自己的专业理论知识和管理经验。还可以着力于发挥教师的团队合作精神，成立专门的实践课程体系教学研究小组，由相关负责人确定研讨主体，并组织教师一起进行交流与研究活动，帮助教师分析与总结现阶段实践课程教学的重点与难点，以提高教师的教学质量。当然，在实践教学体系构建的过程中，还有很重要的一点不能忽视，即许多实践课程都是在相应实践基地内完成的，因此要增强教师对于基地的掌控与管理，其能力的表现实质上也是教学水平的重要衡量标准之一。作为高职院校，应该就工商管理专业"订单式产学交替"实践教学体系构建中的基地建设问题对教师进行统一的、规范化的培训，增强教师的专业能力，促使教师掌握提升实践教学技能质量的根本方向。

一支理论与实践水平相当、具备多元化身份与角色的"双师型"教师队伍，是推动高职工商管理专业实践教学体系不断发展与完善的强大推动力。

四、加强校内外实践基地建设

"订单式产学交替"教育的最终目标是为企业输送高质量的工商管理型人才。在实践教学体系的建构过程中，必须有针对性地对相关岗位进行设计，让学生能够通过岗位工作学习到相应的技能，而这实际上也对实践教学提出了更高一层的要求，即必须要在真实的环境中进行教学。学院与订单企业签订相关的订单合同，可以联合使用企业的工作场所，建立特定的校外实训基地，将很多实践课程置于实训基地内进行，在真实的工作环境中，采取"以师傅带徒弟"的形式开展教学，这样一来，学生能够在实际的工作环境中依照具体工作岗位要求以及流程开展工作，并完成一系列的任务要求，最后由企业和教师结合在一起，共同对学生的实习情况进行考核评估，只有这样，才能真正实现企业与院校之间的零距离合作。

通过研究和分析可以知道，根据当代对于工商管理专业人才的需求形势，高职院校更趋于培养出那些具备扎实的理论基础以及熟练掌握专业技能的高素质应用型人才。学生是否具备较强的实践能力也逐渐获得了各方的重视，而校内外实践教学基地作为培养和提升学生实操能力的重要平台，能够有效地推动高职工商管理专业实践教学体系的整体性发展。因而，加大对实训基地的建设可以说是完善实践教学体系的重要驱动力。

具体来说，可以通过以下几个方面来进行实训基地的建设：

（一）坚持实训基地建设的原则，完善相应管理机制

在建立校内外实训基地过程中，需坚持以下基本原则：第一，是实践性原则，建立实训教学基地的主要目的与基本要求在于培养学生的实践能力，因此在建设的过程中应该着重于凸显出教学活动所具有的实践性特征；第二，是稳定性原则，因为学校与相关企业签订了"订单式产学交替"协议，双方也建立了较为和谐的关系，必须保持稳定和谐的关系，只有这样才能为学生提供一个良性的、健康的实践教学环境；第三，是创新性原则，在工商管理的实践过程中，追求一定的创新性，作为学生培训与实践技能学习的重要平台，需要遵循创新发展的原则，不断提升学生的职业技能与综合素质。此外，院校还应该建立一个科学合理的运行管理机制，这也是校内外实训基地顺利发挥其作用、实现实践教学目标的重要保障。

（二）加强校企合作，共建校内外实训模式

当前高职工商管理专业的教学基地包含了校内与校外两种，其中，校内实训教学基地包含了专业实习室、专项实训室以及模拟实验室等，其起到的主要作用在于对学生的理论知识进行巩固，培养学生的实操技能，加强学生对于本专业的认识。在校内实训基地的开发上，应该以工商管理专业未来的发展现实作为目标，将其与自身的发展战略及客观情况有效地结合在一起，并在此环境之下，引进先进的实验器材，更新软件与教学手段，给学生提供一个更加完善的实践教学环境。此外，还需要解决好人员管理、资金投入以及设备维护的问题，确保工商管理专业校内实训基地实现稳定的发展，促使其成为一项培训学生实操能力的基础性工作，并将其与校外实训基地建设有机结合在一起；在校外实践基地方面，校外实践教学基地则主要包含了与院校建立合作关系的相关企业为广大学生提供实习的行业、企业以及其他的实践教学中心。

通过在校外实训基地的学习，学生不仅锻炼了实操能力，更提升了综合职业素养。高职工商管理专业的校外实践基地是一个给学生提供综合实践锻炼的重要平台，具有先进的设备、规范化的管理制度，能对学生进行各种实战训练，能够全面提升学生的专业素养。其中主要包括了专业见习、顶岗实习等。

在实践基地的发展过程中，院校和企业应该实现双方的资源共享，一同为提升实践教学质量付出努力。在校外实训基地中所说的实习的主要目的在于巩固学

生的理论知识，进一步锻炼其综合实操能力，增加其职业意识，并使其充分了解自己未来的就业方向、工作选择以及就业环境和可能遇到的各种问题，做好在毕业后的衔接工作。因此，应该大力发挥实训基地的作用，发挥教师与企业专业人才的能力，引导学生学会解决实际工作中遇到的问题。

第三节 "订单式产学交替"实践教学体系的主导系统

一、政府加大支持，推动实践教学体系的顺利开展

（一）发挥政府和主管部门的协调、监督作用，为"订单式"人才培养创造良好环境

一个区域内的职业教育的发展情况，往往与该区域的产业结构，特别是支柱型产业有着密不可分的关联。只有当地区的支柱型产业与当地企业对技能型人才的需求相适应，才能真正发挥职业教育服务与地区经济发展的重要作用。因此，要推动"订单式产学交替"人才培养中实践教学体系的构建与实施，还需要依靠政府进行协调与引导。职业院校与企业属于不同的社会系统，因而，二者的目标定位、所承担的社会责任以及运行模式和利益追求存在着很大差距。虽然，现阶段，许多企业对于校企合作表现出了很大的兴趣，但是大多数的企业仍然缺乏对职业教育的关注，且并不认为企业应该加入到人才培养的工作当中去，因此，在校企结合中也缺乏主动性和积极性。在"订单式"人才培养模式的实践教学体系的构建过程中存在着许多错综复杂的关系，这些都需要政府发挥强有力的指导作用，推动订单签订，实现人才培养的有序发展。相关部门应该发挥其信息综合与协调职能，促成校企合作的展开，为高职工商管理专业实践教学体系的发展创造优质的环境，奠定良好的基础。

（二）政府应加强重视，给予更多的优惠政策

相关政府部门应该重视本区域职业院校的高职工商管理专业，并将高职工商管理专业的建设与发展作为衡量当地社会经济发展的指标之一。政府部门作为高职工商管理专业"订单式产学交替"实践体系构建过程中的主要协调者之一，也有必要从高职工商管理行业上总结相关的成长经验，推动行业标准化建设与发展。

虽然在这个过程中，政府不是要事无巨细地参与到每一项院校与企业的合作计划以及设计行业的发展标准中，其更多地承担着一个"中介机构"或者"行业协会"的作用，但是总体来看，政府在其中所能发挥的作用是非常大的。再者，政府应该给予高职工商管理专业更多的优惠性发展政策，高职工商管理专业是社会经济发展过程中拥有较大需求量的一类专业，政府应该发挥其协调者的作用，协调院校与企业双方的关系。通过相关规章制度的确立，对二者的合作进行规范，这样也能够从真正意义上推动高职工商管理专业的实践教学体系的发展。

相关政府部门还应该将工商管理专业人才培养与行业企业的发展需求相对接，不断地支持高职工商管理教育的发展，为行业发展积蓄很多后发性力量。高质量的应用型管理专业人才的培育是工商管理行业的重要人力资源保障，因此，对这些人才进行培育，并不仅仅是高职工商管理专业与企业的责任，也是国家的责任。政府有关部门应该通过各项措施，通过各种优惠减免、资助以及奖学金的方式，鼓励更多的学生投入到工商管理的学习当中去。另外，政府还应该关注高职工商管理专业人才的就业问题，可以通过采取人才津贴的方式，提高工商管理人员的待遇水平，吸引更多学生投入到工商管理行业当中去。

二、企业需要提升合作育人的能力

在"订单式产学交替"实践模式建构过程中的另外一个主体就是签订订单的相关企业了，因而，作为"订单式产学交替"人才发展模式的合作主体，应该从教育培养人才的理念与能力方面加以改善，成为实践教学体系构建的重要主导者之一。

（一）行业企业需加强合作育人的理念

从本质上来说，一旦学生与企业签订了相关协议，我们就可以将学生视为公司的"潜在员工"了。虽然他们可能在很长的一段时间内无法正式上岗，但是只要学生对这种关系有一个清晰、明确的认识，那么也能够提升学生在学校学习的积极性。在"订单式产学交替"人才培养模式当中，学生也具有双重身份，一个是在校学生，另一个是企业的实习员工，而一个员工的综合素质与实际技能的好坏，会直接影响到订单方的工作进度和效果，因此，从合作育人这方面来说，作为企业方应该以更加积极主动的姿态参与到实践体系构建与实施的过程当中去，却不能忽视责任，签订协议后不能逃避各项问题。

（二）提升合作育人的能力

对人才进行良好教育的前提是，教育者自身具备优秀的素质与能力。虽然实践教学所重点培育的是学生的实操能力，但是其教学目标仍然与教学的基本要求脱离不了关系，学生通过参与"订单式"实践过程的同时，其本质也是在巩固理论知识，学习一些新技能，而这也要求企业拥有较高的育人能力，因此企业首先要为学生提供充足的"订单"岗位。一般来说，只有企业对人才的需求量达到了一定规模之后，才会实施"订单式"合作教育。根据相关学者的研究，一般企业为学院所提供的"订单"人才培养数量不少于20人。企业吸纳员工数量的能力也是其实施订单的首要条件，企业只有满足了员工岗位上的基本要求，促使订单成立，才能够真正产生规模效益。

1. 明确不同岗位的用人需求

在企业内，因为不同岗位所具有的职业技能存在差异，因此，企业必须认真分析岗位的特点以及所需要的能力，只有这样才能进一步明确订单培养的相关要素。具备明确的职业要素指标并与岗位——对应，学校也可以更有针对性地对学生进行实践教学。

2. 让企业参与人才培养的全过程

需要大力发挥企业的人力和物力资源在办学过程中所发挥的作用，特别是对于那些需要校企合作一起探索开发的课程，应该进行深入的探讨，让学生通过岗位实践，培养技能，增长才干，提高社会适应能力。

三、学校要积极创新实践模式，以适应企业发展需要

一个行业要获得发展，首先要推动这一行业的教育发展，工商管理专业的发展主要得益于院校工商管理人才的输送。而工商管理人才培养及实践体系构建，往往包括了政府、企业以及学校三大主体，其中学校的人才培养责任也是非常大的。虽然从身份上来说，在"订单式产学交替"实践教学中，学生是主要主体，但是我们也要看到，"订单"学生仍然处于在校学习阶段，学校对学生也有着很大的培育责任。因此，院校在培养人才之时，尤其要根据企业的发展需求进行教学体系的改革与创新。

具体来说，主要包括以下几个方面的内容：

首先，明确实践教学的目标，而要完成这一任务，则需要考虑到院校对于专业人才的培养方向，采取"订单式产学交替"模式，并积极推进校企合作。在确定实践教学的目的时也应该参考院校的专业培养目标与方向。在这其中，需要参照企业方对于人才顶岗能力和职业素质的需要，也需要明确高职教育的规律和要求。高职教育有其自身的规律要求，高素质技能型人才的培养是实践教学目标设置的又一考虑因素。

其次，院校应当开放思路，创新培养模式，鉴于合作方对人才需求的多样性，校方在培养学生的过程中亦应当满足这种需要，创新培养模式。学校应当开放思路，在遵循教育基本规律的前提下，采取更多灵活多样的工作和措施推进"订单式"的校企合作。第一，勇于对学生进行分类培养；第二，培养"双师型"教师，强化教师对学生实习的指导；第三，给予学生实习更多的保障；第四，强化实习考核监督。

最后，需要规范实践教学管理，形成良性互动的机制；在"订单式产学交替"人才培养模式中，一个显著的特点在于双方的合作主要是以签下的"订单"作为重要前提的。具体来说，在订单当中一般都会有企业对于所需人才的一个较为明确的要求，在此基础上进行具体协商，并以此为基础开展进一步合作。在校企合作的实践教学过程中应该坚持一个共同的目标体系，即培养优质的管理型人才，在签下订单之前就需要找准双方合作契机，避免松散式订单的出现，需要双方共同制订一个科学的人才培养方案，明确双方可以利用的资源以及优势，完善实践教学体系，达到为企业、为社会输送人才的最终目的。

第四节 "订单式产学交替"实践教学体系构建的支持系统

考虑到"订单式产学交替"实践教学体系的正常运行依赖一系列可靠的内部条件与外部条件，本节将从以下两个层次来进行深度剖析，即观念层次与制度层次。其中从观念角度出发，主要是为了搞清楚"订单式产学交替"实践教学的现有地位以及内部作用，而从制度的角度进行剖析，将分成两条支线，即分析实践教学的内部制度与外部制度。其中分析"订单式产学交替"实践教学体系的内部制度，也就是搞清楚其整体的师资力量与建设力度，而分析"订单式产学交替"实践教学体系的外部制度，主要研究政府部门、企业单位对教学的影响。

一、观念层次——职业教育制度缺失问责

实际上，社会中的个体都具备能够正常完成某件事情的能力，但是完成的力度在很大程度上取决于该社会个体对这件事的理解以及态度。换句话说，我们不是缺乏完成社会活动的实践能力，而是缺乏对社会活动的一种观念层次上的理解。

（一）对"订单式产学交替"实践教学意义的认识

按照一般规律，如果社会中的个体对某种实践活动的理解不够，那么他也就不会将该实践活动放在比较重要的位置，甚至会选择性地忽视它的存在，这种现象就是个体缺乏观念上的理解的表现形式。我国高职工商管理专业的教育发展正是受到了这种因素的阻拦。纵观高职教育发展的整个历程，我们会发现尽管人们都会认为实践教学非常重要，但是这种意识并不是真正存在于人们的心中，人们更多是受到身边事物的影响，才会潜移默化地认可其重要性。这也就是为什么现如今我国高职教育的发展受到了一定的阻拦。笔者认为只有当社会中的个体真正意识到实践教学的重要性，才会成为一种巨大的助推器，帮助我国的高职教育实践教学的发展达到一个新的高度。

"订单式产学交替"的实践教学体系还不够成熟，相对于国外的一些发达国家，其发展速度还显得稍慢，再加上我国高职"订单式产学交替"实践教学体系正在进行第二次关键性调整，从而加剧了我国高职"订单式产学交替"实践教学体系对自己定位的模糊。因此，在这种关键时刻，我们应当认识到"订单式产学交替"的实践教学的发展定位，才能促进其整体发展，度过艰难的系统调整阶段。笔者通过查询相关的调研资料，认识到我国的高职教育经历了两次比较大的调整，其中第一次的系统调整，它实际上是中等职业教育的衍生物。而第二次的系统调整，就是将高等职业教育的社会地位进行了有效改善，使得其社会地位与普高教育持平，这是教育历史上一次比较大的变化。这次调整变化的意义在于高职教育的发展已经不再受到传统普高教育的限制，它是一种单独运作的教学系统，具备属于自己特色的发展机制。总的来说，经历过这两次重大系统化的调整后的高职教育，

已经完成了本质升华。然而，它也面对着许多问题，例如如何跟上现阶段快速变化的社会人才需求趋势，那就需要高职教育寻找出一种适合这种趋势的教育模式。

我国的许多学者一直从事于高职教育的研究，对于高职教育的正确定位问题已经能够比较成熟地进行处理，同时还能比较精确地分析来自不同教育机制下的人才培养模式特点，我们先从"订单式产学交替"实践教学体系的突出特点着手，掌握我国高职教育的整体发展特征，同时按照文献资料中提及的高技术人才培养模式，进行综合性的解读以及分析。第一，"订单式产学交替"的实践教学，十分重视学生的动手能力。在"订单式产学交替"的实践教学模式下，学校应当定期安排一定的具备实践意义的学习任务给专业学生，让他们在完成相应的学习任务的同时，收获有效的专业理论以及实践技能，这实际上是一种围绕着学生展开的实践性教学。第二，"订单式产学交替"的实践教学，更加倾向于迎合学生的学习需求。在"订单式产学交替"的实践教学体系的运作下，高职工商管理专业应当充分统计各个专业学生目前的学习情况，经过一系列的科学分析，总结出一种比较符合学生兴趣的教学计划。例如，大部分的学生比较反感传统式的课堂授课方式，而是倾向于室外的实践性教学活动，因此，这种学生的学习兴趣就可以加入到学校的教学计划中，形成一种十分合理的教学模式。所以，"订单式产学交替"实践教学并不是强迫学生进行没有意义的实践活动，相反，这种教学模式迎合了高职工商管理专业学生的学习兴趣，能够在最大程度上发挥出"订单式产学交替"实践教学的作用。

（二）教学领导者观念的转变

尽管在前文提到观念的重要性，但我们并不能认为只要掌握了正确的观念，那么就一定能够完成某种社会实践活动。在实际的社会活动中，社会中的个体总是认为一种正确的观念能够帮助他十分轻松地完成某种社会活动，然而事实却非如此简单。很多时候，人们尽管掌握了对某种事物的深度理解，但是在进行实际的行动过程中，总是力不从心，从而出现了所谓的观念与行动发生不协调的局面。因此，可以这样说，观念并非是一种完全静止的抽象概念，它实际上是一种随时变化的动态过程，人们应当学会在进行确切的社会活动时，掌握其动态变化。那么应当如何权衡动态观念与实际行动呢？笔者认为这两者之间应当有领导者的参与。

在高职工商管理专业实施"订单式产学交替"的实践教学计划过程中，同样也应当正确地匹配动态观念与实际行动。一种教学观念要想发挥到极致，就需要借助一定的可行载体，通过载体的第三者关系将这种观念传递给学习者，从而在某种程度上深化这种观念。同样的道理，在"订单式产学交替"的实践教学体系中，教学观念的完美发挥需要依靠一种合适的可行载体，而在高职教育的发展中，这种可行载体非院校的领导者莫属。高职工商管理专业高层领导者能在很大程度上决定该院校的整体发展方向。因此，考虑到学校领导对"订单式产学交替"实践教学的有效性存在如此重大的影响，就要求学校领导应当具备较高层次的认知观念，这样才能正确地理解"订单式产学交替"实践教学的意义。

一方面，在"订单式产学交替"实践教学的影响下，高职工商管理专业的领导者需要从原有的管理认知转变为真正意义上的领导认知。根据目前的绝大多数院校发展的具体情况来看，存在着一部分院校领导观念迂腐的现象，他们对待教育的认知还停留在过去的管理层面，他们的主要工作仍然没有放在真正提高院校教育质量上，因此在如此落后的领导作用下，院校的发展目标、办学观念以及课程改革等计划都受到了严重打压。鉴于这些因素，要想真正地发挥出"订单式产学交替"实践教学的作用，就要求学校领导的工作重心从传统的管理层次转变为全新的领导层次。也就是说，学校领导者不应当过多重视那些烦琐的日常事务，而是努力扮演好一名真正促进学校发展的创建者、领导者角色，极大地发挥出自身的领导作用，力争将学校的规范建设做到最好，同时为了更好地突出自身院校的办学特点，应提出符合自身发展特点的教学理念，提高学校的整体建设水平。

另一方面，学校的领导者还应当改变传统的办公方式，从过去以日常事务为中心展开的工作，转移到以人事管理为中心的工作计划。学校的领导者，是该院校机构中能够掌控整体局面的人，因此为了更好地迎合"订单式产学交替"实践教学特点，应当率先做好榜样，树立正确的教学观念，并将这种积极向上的教学观念，以各种学校大会的形式进行广泛宣传，让院校的学生以及老师深刻地理解正确的教学理念，使学生以及老师在学习过程中发挥出这种理念的价值。因此，提高领导者的教育理念，对于"订单式产学交替"实践教学体系有着巨大的现实意义。

二、制度规制——变革的根本

要想真正地实现"订单式产学交替"实践教学的支持系统,就需要搞清楚其中的制度规制。根据文献记载,社会中任何一种制度都可以分为内部制度以及外部制度,其中内部制度就是社会活动经过一定时间而衍生出来的一种规制,比如高职教育中的决策规律就是一种所谓的内在制度;而外部制度的定义就是以一种抽象的政治力量,通过有序排列的方式,依次作用于实践活动,从而衍生出来的一种规制。笔者基于此规律,将从内部制度与外部制度两个方面对"订单式产学交替"实践教学系统的支持系统进行研究。

高职教育的内部制度,通常指的是院校采取的某种教学计划,从而提高自身教育质量的一种机制,这种内部制度能够比较直接地反映出高职工商管理专业教育的整体水平。笔者将从院校的师资力量进行研究。众所周知,师资力量是院校能否正常教学的一项关键因素。然而,我国的高职工商管理专业发展到现在,仍然面临着许多比较严重的教育问题。比如,一些高职院校由于自身的经济能力不够强大,使得其师资力量很弱,从而导致该院校的教学整体水平严重下降。因此,应以一种比较科学的教师培训形式,即专业学习共同体,解决现有院校存在的师资建设力度不够的问题。这种全新的教师培训方式,不同于传统的课堂教学培训模式,而是通过一种十分专业的实践性活动来提高教师的专业素养。在专业学习共同体的作用下,教师之间能够非常自然地形成一个统一的目标,使这些教师之间可以共同发力,互相帮助,努力提高院校的整体教学质量,而在传统的教学培训模式下,教师的教学环境存在着较大的压力,使得教师只能接受性地提高自身的教学实力,然而这种提高只是表面上的改善。此外,专业学习共同体的培训营造十分活跃的学习氛围。教师之间可以针对教学问题进行商讨,共同探索出一种更加合适、更加符合学生普遍需求的教学方式,从而有效地提高院校的师资力量。

从外部制度的角度出发,"订单式产学交替"实践教学的关键环节就是"工学结合"。就目前我国高职工商管理专业发展现状来说,笔者认为当下高职教育发展中最有研究价值的方向就是"工学结合",这种科学的教学模式将是未来高职教育的新方向,更是我国高职教育改革的重要突破点。实际上,"订单式产学交替"实践教学体系也是一种"工学结合"的表现形式,它在很多运作细节中都需要"工学结合"模式的理论支撑。然而,我国很多院校仍没有重视"工学结合"的作用,甚至在那些已经实施"订单式产学交替"的院校中，仍有一部分专业学生得不到完全的半工半读的人才培养资格。因此，高职工商管理专业要想发挥出"订单式产学交替"实践教学体系的真正作用，就应当积极地与外界企业进行合作，详细商谈并布置一系列针对学生动手能力培养的学习任务，使校方与企业共同发展。总的来说，"订单式产学交替"实践教学体系的本质就是高职院校通过与外界的企业单位进行密切的合作，掌握外界社会需求的变化趋势，形成一种以工学结合为重点的人才培养理念，最终全面提高院校的整体教学质量。

参考文献

[1] 张鲲.高校工商管理人才培养的路径探析——评辽宁大学出版社《地方高校工商管理专业应用型人才培养模式研究》[J].价格理论与实践,2022(12):206.

[2] 范文晶,常梦鸽."1+X"证书制度下应用型本科院校工商管理专业人才培养方式探索与实践[J].人才资源开发,2022(24):15-17.

[3] 吴楠,李东升,刘丹.地方高校应用型人才培养的实践探讨——以山东工商学院工商管理专业为例[J].中国高校科技,2022(10):53-59.

[4] 马冰清.企业需求视角下高校工商管理专业以能力为本位的人才培养模式——以宁夏某高校为例[J].学园,2022,15(22):63-65.

[5] 张翠霞,夏秋亮,李现波.高校工商管理专业应用型人才培养的探讨[J].海峡科技与产业,2022,35(06):73-75.

[6] 黄哲,林晓凤,赵祥琦,等.新文科背景下医药特色工商管理专业应用型人才培养模式研究[J].沈阳药科大学学报,2022,39(06):734-737.

[7] 陶爱祥,刘楚,陈璐,等.基于新发展理念的应用型高校工商管理专业人才培养策略研究[J].产业与科技论坛,2022,21(08):112-113.

[8] 郭小梅,江义火.工商管理专业应用型人才培养模式研究[J].现代职业教育,2022(15):79-81.

[9] 陶爱祥,胡立虎,徐婧,等.应用型高校工商管理专业思政改革创新路径探索[J].产业与科技论坛,2022,21(06):239-240.

[10] 罗丽琼.基于产教深度融合的应用型人才培养模式创新与实践——以工商管理专业为试点[J].企业改革与管理,2022(04):70-72.

[11] 要雨含.基于应用型人才培养的工商管理教学改革探思[J].山西青年,2022(03):114-116.

[12] 刘博.大数据背景下新商科专业应用型人才培养质量提升路径探析——以广州城市理工学院工商管理专业为例[J].吉林农业科技学院学报,2021,30(06):69-73.

[13] 陈恺宇,商子楠.产教深度融合的应用型人才培养创新模式构建研究——以工商管理专业为例[J].高教学刊,2021,7(34):27-30+35.

[14] 张瑞林,李林.《国标》背景下产出导向的应用型高校市场营销人才培养探索——以某本科高校为例[J].湖北经济学院学报(人文社会科学版),2021,18(10):129-131.

[15] 周爱娣.从工商管理教学改革机遇看应用型人才培养[J].营销界,2021(35):146-147.

[16] 姜滢.高校工商管理专业应用型人才培养研究[J].中国管理信息化,2021,24(14):194-197.

[17] 辛高红.工商管理专业新型应用型人才培养模式研究[J].老字号品牌营销,2021(07):129-130.

[18] 谢学军,王书可,孙春军,等.基于实践视角的应用型本科院校工商管理专业学生培养路径分析[J].常州工学院学报,2021,34(02):98-101.

[19] 赵畅.中日旅游管理专业应用型人才培养课程体系对比——以吉林工商学院和大阪观光大学为例[J].现代商贸工业,2021,42(13):82-83.